Clonony Castle, Clonony, County Offaly

GERALD AXELROD
TEXT UND FOTOGRAFIEN

IRIS GUGGENBERGER
FEE, PRINZESSIN, HEXE UND VIELES MEHR …

Wo die Zeit keine Macht hat

FEEN, HEXEN UND DRUIDEN
IN DER
SAGENWELT IRLANDS

EULEN VERLAG

Alle Rechte vorbehalten – Printed in Italy
© 2002 EULEN VERLAG Harald Gläser, Freiburg i. Br., Hebelstraße 11
Gestaltung: Josef Geisert
Reproduktion: SKRIPT Medientechnik, Freiburg
Druck: Milanostampa, Mailand
Sonderausgabe: ISBN 3-89102-462-2

INHALT

EINLEITUNG

Die ersten Spuren der irischen Geschichte verlieren sich im Dunkel der Zeit. Am Rande der Welt gelegen (jedenfalls der damals bekannten Welt des Abendlandes), blieb die Grüne Insel nicht nur von der Herrschaft der Römer verschont, sondern auch von den Wirren der Völkerwanderung. So konnte sich die keltische Kultur dort einerseits ungestört entfalten und wesentlich länger als auf dem Festland halten, andererseits gab es bis zur Christianisierung im 5. Jahrhundert keine schriftlichen Überlieferungen, die uns vom Leben auf der Insel berichten. Doch es ist gerade diese nebulöse Urzeit, die Irland so interessant macht und mit der Aura des Geheimnisvollen umgibt.

Zwar besaßen die Iren die Ogham-Schrift, eine Art Runen-Alphabet, aber man benutzte sie nur, um die Namen der Verstorbenen in Grabsteine einzuritzen. Auch wissen wir von römischen und griechischen Geschichtsschreibern, daß die Druiden (die Priester, Ärzte und Zauberer) die griechische Schrift kannten. Trotzdem waren schriftliche Aufzeichnungen auf ihre Anordnung hin strengstens verboten. Doch warum wehrten sich die Druiden so vehement gegen das Aufschreiben? In erster Linie, weil sie die unkontrollierte Ausbreitung ihres Wissens verhindern wollten. Wissen ist bekanntlich Macht, und ihre Kenntnisse preiszugeben, hätte den Druiden ihre Autorität gekostet. Wir besitzen deshalb keinerlei Informationen aus erster Hand, sondern nur drei indirekte Quellen:

- Die Berichte römischer und griechischer Historiker, die vor allem das Leben der Gallier ausführlich beschreiben, aber auch gewisse Rückschlüsse auf die Kelten in Irland zulassen; allerdings geraten diese Schilderungen teilweise zur Propaganda für die „zivilisierten" Römer und gegen die „barbarischen" Kelten.
- Archäologische Funde, die zwar objektiv sind, aber das Leben in jenen Tagen nur vage erahnen lassen.

Rechte Seite:

Die ersten Spuren der irischen Geschichte liegen hinter dichten Nebelschleiern verborgen.

Wald bei Ballysaggartmore Castle, Lismore, County Waterford

— Irische Sagen und Legenden, die zunächst jahrhundertelang mündlich
weitererzählt wurden, ehe christliche Mönche sie zwischen dem 6. und
12. Jahrhundert schriftlich niederlegten.

Die römischen und griechischen Überlieferungen seien hier ebenso wie
die archäologischen Funde nur am Rande erwähnt. Vielmehr wollen wir
uns den Sagen und Legenden zuwenden, denen allerdings ein kleiner
Schönheitsfehler anhaftet: Die Mönche, die sie zu Papier brachten, ver-
fälschten sie im Sinne der christlichen Lehre. Viele Geschichten bekamen
ein moralisches Ende aufgepfropft, etwa, daß sich die heidnischen Helden taufen lassen, um als brave Christen zu sterben. Glücklicherweise
blieb aber meistens ein alter, urtümlicher Kern erhalten.

8

Nach den überlieferten Manuskripten lassen sich die irischen Sagen in drei große Zyklen einteilen:

– Das Buch der Invasionen, das von der Besiedelung Irlands berichtet
– Die nordirischen Sagen aus Ulster, die von den Abenteuern des großen Nationalhelden Cuchulinn erzählen
– Die südirischen Sagen um den legendären Finn MacCool.

Schließlich existieren unzählige weitere Geschichten, die keiner der drei Sammlungen angehören. Die schönsten dieser Erzählungen schildern „Reisen in die Anderswelt", also ins Land der Feen.

10

DAS BUCH
DER INVASIONEN

D ie Besiedelung Irlands begann um das Jahr 7000 v. Chr. Diese dürftige Information ist auch schon alles, was uns die Archäologen bieten können. Wer die Ureinwohner waren und woher sie kamen, bleibt ein Rätsel. Glücklicherweise gibt uns das „Buch der Invasionen" genauere Auskünfte. Ihm zufolge beherrschten in grauer Urzeit gespenstische Dämonen die Insel: die Fomorier. Sie waren gräßliche Gestalten mit nur einem Arm, einem Bein und einem Auge – Kräfte des Chaos und des Todes, die sich jeder Ordnung widersetzten. Die weitere Besiedelung Irlands erfolgte in sechs Wellen:

Nach der Sintflut betraten die ersten Menschen irischen Boden. Es waren Cessair, eine Enkelin Noahs, ihr Vater Bith, ihr Ehemann Fintan und der Steuermann Ladra. Noah hatte sich geweigert, die drei Männer in seiner Arche mitzunehmen. Verzweifelt wandten sie sich an Cessair und baten sie um Hilfe. Cessair riet ihnen, eine eigene Arche zu bauen, was sie auch taten. Doch im Gegensatz zu Noah nahmen die drei Männer keine Tiere mit, sondern 50 Jungfrauen.

Nach ihrer Landung teilten sich die drei Anführer die Frauen untereinander auf: Fintan und Bith nahmen sich je 17, so daß auf Ladra nur 16 entfielen. Er protestierte heftig gegen diese Ungerechtigkeit, doch die anderen blieben hart. Es mag wie eine Ironie des Schicksals klingen, daß ausgerechnet Ladra als erster starb, und zwar „am Übermaß an Frauen". Nun teilten sich Fintan und Bith die 16 Frauen Ladras, was ihnen aber kein Glück bringen sollte: Auch Bith verließen bald die Kräfte, und er verschied. Daraufhin stürzte sich sein Harem auf Fintan, der sich hoffnungslos überfordert fühlte und die Flucht ergriff. Er durchquerte ganz Irland und brachte sich auf einem der höchsten Berge in Sicherheit. Schließlich starben alle, ohne Nachkommen gezeugt zu haben.

300 Jahre später landete Partholon in Irland, ein Königssohn aus Griechenland, der seinen Vater und seine Mutter ermordet hatte und deshalb fliehen mußte. Nach drei Jahren kam es zu den ersten Reibereien mit den Fomoriern, die schließlich zum Krieg führten. Partholon und

seine Männer gewannen die Entscheidungsschlacht, weil sie die raffinierteren Zaubertricks beherrschten. Nach ihrem Sieg begannen sie, die Wälder zu roden und Äcker anzulegen. Doch die Fomorier gaben sich nicht so leicht geschlagen. Sie schickten die Pest über Partholons Volk, und der Schwarze Tod raffte alle hinweg.

Weitere 30 Jahre später brach Nemed, ein Grieche aus Skythien, mit seiner Flotte auf, um Irland zu erobern. Auf hoher See sahen die Männer plötzlich einen riesigen Turm aus Gold aus dem Meer aufragen. Fasziniert starrten sie ihn an und übersahen dadurch einen tödlichen Strudel, der alle Schiffe bis auf jenes von Nemed in die Tiefe riß.

So kam Nemed nur mit seiner Frau, vier Söhnen und vier Schwiegertöchtern in Irland an. Doch sie vermehrten sich schnell, was unweigerlich zu Konflikten mit den Fomoriern führte. Nemed besiegte die Dämonen

Die Fomorier liebten nichts mehr als Chaos und Zerstörung (oben). Ihren Neigungen konnten sie sich hemmungslos hingeben, bis Cessair, eine Enkelin Noahs, als erster Mensch in ihr Reich eindrang (rechte Seite).

Castle Lyons, Castlelyons, County Cork (oben) und Slieve League, County Donegal (rechte Seite)

in drei Schlachten und tötete zwei ihrer Könige. Von da an herrschte er lange Zeit friedlich über das Land, bis er an einer Seuche starb. Darauf hatten die Fomorier nur gewartet. Mit einem blutigen Aufstand erhoben sie sich gegen die Eindringlinge und warfen sie nieder. Nun folgte für die Nemeder eine schwere Zeit der Unterdrückung. Die Fomorier verlangten zwei Drittel ihrer Milch, ihres Korns und ihrer Kinder! Mit diesen Forderungen provozierten sie natürlich den Widerstand der Nemeder, die in ihrer Verzweiflung die Hochburg stürmten und den König ihrer Gegner umbrachten. Doch die Fomorier erhielten Verstärkung, und die letzten überlebenden Nemeder mußten Hals über Kopf flüchten.

230 Jahre später landeten die Fir Bolg in Irland. Unter ihrer Herrschaft blühte das Land auf. Es gab keine Nässe außer dem Tau (was man sich heute angesichts des irischen Dauerregens kaum vorstellen kann), kein Jahr ohne Ernte und keine Unwahrheiten. Außerdem führte ihr König das „Gesetz der Gerechtigkeit" ein. Trotz dieser löblichen Taten und trotz eines dauerhaften Friedens mit den Fomoriern war den Fir Bolg keine lange Regentschaft beschieden. Nach nur 37 Jahren wurden sie von der fünften und wichtigsten Invasionswelle überrannt: den Tuatha De Danann.

DAS GÖTTLICHE GESCHLECHT DER TUATHA DE DANANN

Die Tuatha De Danann stammten von der mächtigen Adler-Göttin Dana ab und waren daher selbst Götter. Sie landeten an einem 1. Mai und verbrannten alle Schiffe, zum Zeichen, daß sie für immer bleiben wollten. Andere Quellen berichten, sie seien nicht übers Meer gekommen, sondern aus den Wolken herabgestiegen. Wie dem auch sei, ehe wir uns den Tuatha De Danann zuwenden, erscheint eine kurze Vorbemerkung zu den irischen Göttern angebracht, die sich in mancher Hinsicht von den römischen und griechischen unterschieden. Bei den Römern und Griechen gab es eine klare Trennung zwischen Menschen und Göttern sowie eine streng hierarchische Ordnung unter den Himmelsbewohnern (mit

Jupiter bzw. Zeus an der Spitze). Anders bei den Iren: Erstens stammten die Götter aus dem Geschlecht der De Danann, die in den Erzählungen aber oft wie Menschen wirkten. Zwar beherrschten sie allerlei Zauberkünste, doch solche Gaben besaßen die Druiden ebenfalls. Auch existierte bei den Kelten kein wohlgeordneter Götterhimmel, denn jede straffe Organisation war ihnen zutiefst zuwider – im Himmel wie auf Erden. Lediglich Dagda, der „gute Gott", galt allgemein als Gottvater, während sich die übrigen Götter jeder Systematisierung und Kategorisierung entzogen. Zweitens vollbrachten auch menschliche Helden wie Cuchulinn und Finn geradezu übermenschliche Taten, was sie in die Nähe der Götter rückte. Drittens fanden manche Götter den Tod, wie zum Beispiel der Sonnengott Lugh, was einige Zweifel an ihrer Göttlichkeit aufkommen läßt. Kurzum: Die Tuatha De Danann waren keine Götter im herkömmlichen Sinne, sondern eher Menschen mit göttlichen Attributen, wie die folgenden Schilderungen zeigen:

18

Als die De Danann landeten, zündeten sie ihre Schiffe an, so daß der schwarze Rauch drei Tage lang die Sonne verdunkelte. Erst als er sich wieder lichtete, bemerkten die Fir Bolg die Invasoren. Sofort rüsteten sie sich zum Kampf, doch die Druiden der De Danann ließen einen magischen Nebel aufsteigen, der ihr ganzes Heer umhüllte. Nun stellten sie die Fir Bolg vor die Wahl, entweder freiwillig die Herrschaft abzutreten oder zu kämpfen. Die einfältigen Fir Bolg entschieden sich für den Kampf, konnten ihre Gegner wegen des Nebels aber nicht sehen und mußten in der ersten Schlacht von Moytura eine verheerende Niederlage einstecken. Die wenigen Überlebenden flohen nach Westen und ließen sich auf den Aran-Inseln nieder.

Unglücklicherweise verlor Nuada, der König der De Danann, bei der Schlacht eine Hand. Nun war es eine eiserne Regel des göttlichen Volkes, niemals einen König mit einem körperlichen Makel zu akzeptieren.

Nuada mußte deshalb wohl oder übel abdanken, woraufhin die De Danann den schönen Jüngling Bres zu ihrem neuen König wählten, obwohl sein Vater ein Fomorier war (Bres verdankte seine Wahl vor allem den weiblichen Stimmen). Die De Danann sahen darin eine elegante Lösung und glaubten, auf diese Weise einen dauerhaften Frieden mit den Fomoriern zu finden. Zu spät erkannten sie ihren schrecklichen Irrtum! Mit der Ernennung von Bres zum neuen König hatten sie die Herrschaft de facto an die Fomorier abgetreten, die dieses Privileg weidlich ausnutzten: Sie ließen das Volk hungern, verlangten von den Kriegern unwürdige Arbeiten wie Brennholz sammeln und zogen astronomisch hohe Steuern ein, so daß „kein Rauch aus einem Kamin aufstieg, der den Fomoriern nicht steuerpflichtig war".

Schließlich brachte Bres das Faß zum Überlaufen. Als der Dichter Cairbre auf der Burg in Tara erschien, ließ ihn Bres in einem kahlen Raum übernachten und gab ihm am nächsten Morgen nur drei trockene Brote zu essen, aber nichts zu trinken. Dies verstieß eklatant gegen das Gebot der Gastfreundschaft, das den Iren heilig war. Als der Dichter nun vor Bres trat, rezitierte er bissige Spottverse, bei denen die anwesenden De Danann in stürmische Begeisterung ausbrachen. Kurzerhand setzten sie Bres ab und ernannten Nuada wieder zu ihrem König – der Wunderarzt Dian Cecht hatte nämlich inzwischen eine Hand aus Silber angefertigt, die Nuada wie seine eigene bewegen konnte. Somit war seine körperliche Unversehrtheit wiederhergestellt.

So einfach ließ sich Bres aber nicht vor die Tür setzen. Er mobilisierte das gewaltige Heer der Fomorier und rückte nach Tara vor. Zur selben Zeit gab Nuada ein riesiges Fest, um die Befreiung von der Knechtschaft zu feiern – ohne zu wissen, wie er der Übermacht der Fomorier standhalten konnte. Da erschien der Sonnengott Lugh auf Tara. Obwohl er sich dem Torwächter als Gott zu erkennen gab, verweigert ihm dieser den Einlaß. Er hatte nämlich strenge Instruktionen, nur diejenigen einzulassen, die eine Fähigkeit besaßen, die niemand sonst auf Tara beherrschte. Der Torwächter fragte deshalb Lugh nach seinem Beruf. „Schmied", antwortete Lugh. „Haben wir bereits", erwiderte der Torwächter und hielt

Linke Seite:

Auf der Burg von Tara setzten die De Danann den König der Fomorier ab, doch damit kündigte sich neues Unheil an.

Rock of Cashel, Cashel, County Tipperary

21

die Pforte verschlossen. „Dichter", sagte Lugh. „Haben wir auch", meinte der Torwächter. Lugh zählte alle Berufe auf: Magier, Arzt, Krieger, Harfenspieler, Schreiner und Leibwächter, aber jedesmal schüttelte der Wächter den Kopf und erwiderte, einen solchen hätten sie schon. Dann fragte Lugh, ob es jemanden gebe, der Schmied, Dichter, Magier, Arzt, Krieger, Harfenspieler, Schreiner und Leibwächter *in einer Person* sei. Der Torwächter mußte verneinen und ließ Lugh eintreten.

Lugh ging zu Nuada und stellte sich als Gott vor. Der König reagierte mißtrauisch und verlangte drei Prüfungen, die Lugh allesamt bestand: Er schlug Nuada im Schachspiel, warf einen Stein weiter als der stärkste Mann von Tara und konnte die Zauberharfe des Gottes Dagda spielen. Diese Harfe vermochte die Zuhörer auf wundersame Weise in drei verschiedene Stimmungen zu versetzen: Je nachdem, wie man sie spielte, gerieten die Zuhörer in helle Freude, brachen in Tränen aus oder schliefen ein. Allerdings war kein gewöhnlicher Mensch in der Lage, auch nur einen einzigen Ton auf dem Instrument hervorzubringen.

Beeindruckt von Lughs Fähigkeiten, übertrug Nuada ihm sogleich den Oberbefehl über das Heer. Lugh entwarf einen Schlachtplan, doch zuerst schickte er Dagda zu den Fomoriern, um die Lage auszuspionieren. Dummerweise wurde Dagda bei dieser Aktion entlarvt und gefangengenommen. Da die Fomorier seine Schwäche für ein üppiges Festmahl kannten, erlaubten sie sich einen bösen Scherz: Sie kochten einen riesigen Brei, in den sie obendrein ganze Schafe, Ziegen und Schweine hineinwarfen. Da kein Kessel groß genug war, schütteten sie alles in ein Erdloch und drohten Dagda, ihn umzubringen, falls er nicht alles aufäße. Der Gott nahm einen gewaltigen Löffel, „in dem ein Mann und eine Frau bequem zusammen hätten liegen können", und verzehrte genüßlich den ganzen Brei. Doch anstatt zu platzen, wie die Fomorier gehofft hatten, wischte er zuletzt sogar noch mit seinen Fingern den Erdboden sauber. Nun war sein Bauch kugelrund, und er machte, müde geworden, ein Nickerchen. Danach watschelte er unter dem schallenden Gelächter der Fomorier zum Meeresstrand. Wegen seiner enormen Körperfülle paßten ihm die Kleider nicht mehr und sein Gewand bedeckte kaum noch sein Hinterteil.

Kurze Zeit später konnte sich Dagda allerdings für diese Demütigung rächen. Auf dem Heimweg begegnete er einem Mädchen von wunderbarer Gestalt, das frech vor ihn hintrat und forderte, daß er es auf dem Rücken nach Hause trage. Dagda weigerte sich zunächst, änderte aber seine Meinung, als sich herausstellte, daß es die Tochter des Fomorierkönigs war. Nachdem er sie nun eine Zeitlang getragen hatte, überkam beide die Lust, und sie schliefen miteinander. Danach erhielt er den erwarteten Lohn: Zum Dank versprach ihm das Mädchen, sich gegen ihren Vater und die Fomorier zu stellen.

Ähnlich erfolgreich verlief ein weiterer Versuch Dagdas, den De Danann zu helfen und gleichzeitig seine sexuellen Gelüste zu stillen. Als er nämlich an einem Fluß vorbeikam, sah er die Kriegsgöttin Morrigan breitbeinig im Wasser stehen und sich ihre langen, schwarzen Haare waschen. Morrigan war eine furchterregende Furie, die oft in Gestalt eines Raben über dem Schlachtfeld kreiste, um Tod und Zerstörung anzukündigen. Manchmal erschien sie auch als altes Weib, doch diesmal hatte sie das Aussehen einer schönen, jungen Frau angenommen. Dagda fühlte sich von ihr angezogen, packte sie von hinten und vereinigte sich mit ihr. Daraufhin verriet ihm Morrigan, an welcher Stelle die Fomorier ihren ersten Angriff gegen die De Danann planten und versprach, dem König der Fomorier „das Blut seines Herzens zu entwenden", um seinen Mut zu schwächen.

So begann die legendäre zweite Schlacht von Moytura. Nie zuvor hatte ein so grausames Gemetzel auf irischem Boden stattgefunden; auf dem Schlachtfeld wateten die Krieger knöcheltief im Blut. Lugh hatte seine Männer zwar geschickt in den Kampf geführt und mit Zaubersprüchen ermutigt, doch Balor, der Anführer der Fomorier, besaß den bösen Blick: Jeder, den er anschaute, fiel sofort tot um. Auf diese Weise gelang es ihm auch, Nuada und seine Gemahlin zu töten.

Lugh erkannte, daß die Schlacht nicht zu gewinnen war, solange Balor lebte. Mit mächtigen Schwerthieben kämpfte er sich zu seinem Widersacher durch, der sein Auge wieder geschlossen hatte, da sein Blick auch die eigenen Männer tötete. Doch als er Lugh herannahen hörte, hob

Rechte Seite:

Dagda, der Gottvater, sah die Kriegsgöttin Morrigan breitbeinig im Wasser stehen und sich waschen – woraufhin er sie von hinten packte und sich mit ihr vereinigte.

Dunluce Castle, Porthallintrae, County Antrim

er sein Lid. Da schleuderte Lugh einen Stein mit solcher Wucht in Balors Auge, daß es mitsamt dem Geschoß durch den Hinterkopf hinausflog und auf dem Boden landete. Von dort fiel sein böser Blick auf die Fomorier, die nun ihrerseits scharenweise getötet wurden, bis die letzten Überlebenden voller Panik das Weite suchten. Das Auge aber brannte sich tief in die Erde ein und formte einen kleinen See, den Lough Nasool. Von dieser Niederlage konnten sich die Fomorier nie wieder erholen, so daß die De Danann lange Zeit in Frieden lebten – bis die sechste Einwanderungswelle neues Unheil ankündigte.

DIE ANKUNFT DER KELTEN

Zur selben Zeit, da die De Danann ihre Herrschaft festigten, wurde in Spanien ein riesiger Turm erbaut, der bis zu den Wolken emporragte. Von ihm aus entdeckte ein gewisser Ith an einem klaren Winterabend in der Ferne Irland. Sofort stach er mit seinen Männern in See, um die geheimnisvolle Insel zu erkunden. Als er an Land ging, wurde er von den drei regierenden Königen zunächst freundlich empfangen. Unglücklicherweise aber schwärmte er über alle Maßen von den Vorzügen Irlands, was die drei Könige gründlich mißverstanden: Sie glaubten, er wolle Irland erobern, und brachten ihn kurzerhand um. Entsetzt flohen Iths Männer und segelten nach Spanien zurück. Nachdem sie alles erzählt hatten, beschloß Mil, Iths Enkel, mit seinen Männern, den Milesiern, aufzubrechen und den Tod seines Großvaters zu rächen. (Mit dieser sechsten Invasion, die zwischen 800 und 600 v. Chr. erfolgte, beginnt die historisch nachweisbare Eroberung Irlands. Ob die Milesier tatsächlich aus Spanien kamen, läßt sich indessen nicht belegen. Fest steht nur, daß sie zum keltischen Volksstamm der Gälen gehörten.)

Als sich die Flotte der Milesier der irischen Küste näherte, ließen die De Danann dichte Nebelschwaden aufsteigen. Doch die Milesier hatten

27

den mächtigen Druiden Amergin mitgebracht, der die Schiffe sicher zum Ufer führte. Drei Tage nach der Landung kam es zur ersten Schlacht gegen die De Danann. Die Milesier gewannen und setzten ihren Marsch auf Tara fort, um den Königssitz zu erobern. Da stellten sich ihnen die drei Göttinnen Eriu, Banba und Fiola in den Weg. Mit geschickten Verhandlungen und schmeichelnden Worten gelang es Amergin jedoch, ihr Wohlwollen zu gewinnen. Daraufhin prophezeite Eriu, daß die Eroberung Irlands gelingen werde, sofern Amergin eine Bedingung erfülle: Er müsse der Insel ihren Namen geben. Der Druide versprach es und taufte Irland auf den Namen „Eire" (der Dativ von Eriu). Bis zum heutigen Tage ist dies die offizielle Landesbezeichnung geblieben.

Als die Milesier wenig später Tara erreichten, machten ihnen die drei Könige schwere Vorwürfe: Die heimliche Invasion bei Nebel sei unehrenhaft gewesen und hätte den De Danann keine Gelegenheit zu einem heldenhaften Kampf gegeben. Deshalb müßten die Milesier zurück auf ihre Schiffe und nochmals landen.

Tatsächlich ließ sich Mil zu einer zweiten Landung überreden. Doch kaum trieben die Schiffe wieder auf See, verhexten die De Danann das Wasser, so daß ein fürchterlicher Orkan die Flotte fortriß. Amergins Zauber war aber stärker, und so konnte er den tosenden Sturm bändigen. Als die Milesier nun das Ufer erreichten, stürzten sich die De Danann auf sie, wurden jedoch zurückgedrängt. In einer Reihe blutiger Schlachten triumphierten die Milesier endgültig und rissen die Herrschaft an sich. Trotzdem gelang es ihnen nicht, die De Danann aus Irland zu vertreiben. Das göttliche Volk zog sich vielmehr in die Höhlen unter den grünen Hügeln zurück, wo es noch heute in Gestalt von Feen lebt. So kam es zu einer Teilung Irlands in die reale Welt und die „Anderswelt", das Reich der Geister.

Rechte Seite:

Als die Kelten auf die Königsburg vorrückten, stellte sich ihnen die Göttin Eriu in den Weg. Sie versprach, den neuen Eroberern zu helfen, wenn sie dafür Irland nach ihr benennen würden. Deshalb heißt die Insel bis heute „Eire".

Arch Hall, Wilkinstown, County Meath

REISEN IN
DIE ANDERSWELT

Die meisten Religionen stellen sich das Jenseits an einem weit entfernten Ort vor. Man denke etwa an die Unterwelt der Griechen oder den Himmel der Christen. Für die alten Iren dagegen gab es keine scharfe Trennung zwischen Diesseits und Jenseits. Vielmehr vermischten sich die beiden Welten, wobei die „andere Welt" unter den Hügeln lag, als Insel im Ozean oder als versunkenes Land unter dem Meer. Menschen konnten diese Anderswelt durch Höhlen, Brunnen, Quellen, Seen oder Schiffsreisen (fast) jederzeit betreten – wer Pech hatte, schaffte es allerdings nicht mehr zurückzukommen! Umgekehrt besuchten auch Feen unsere Welt, wobei sich die Erdenbewohner nicht selten in die zauberhaften Geschöpfe verliebten. Weniger erfreulich verliefen dagegen die Zusammenstöße mit Dämonen, die ebenfalls in der Anderswelt hausten und nach ihren Ausflügen auf die Erde nicht selten eine Spur der Verwüstung hinterließen.

Dieses Ineinanderfließen von realer und mystischer Welt erreichte seinen Höhepunkt an Samhain, der Nacht vom 31. Oktober zum 1. November. Am Abend des 31. Oktobers ging nämlich der Sommer zu Ende, während der Winter und gleichzeitig das neue Jahr erst am Morgen des 1. Novembers begannen. Die Nacht dazwischen hing also sozusagen in der Luft, es war eine „Zeit zwischen den Zeiten", in der die Tore zur Anderswelt weit offenstanden und alle Geister freien Zutritt zu unserer Welt hatten, wie auch die Menschen besonders leicht ins Reich der Feen gelangen konnten. Da nicht nur liebliche Feen, sondern auch blutrünstige Monster und die Seelen der Verstorbenen in unsere Welt eindrangen, war diese Nacht außerordentlich gefährlich, und kein vernünftiger Mensch setzte einen Fuß vor die Tür. Die Kelten bereiteten den Geistern ein reiches Festmahl und öffneten die Haustüren, ehe sie zu Bett gingen. Danach durfte niemand die Wesen aus der anderen Welt stören. Wer seine Neugier nicht zügeln konnte und einen Blick auf die bizarren Gestalten riskierte, der wurde schon bald von ihnen geholt.

Noch heute wird diese Nacht in den USA als „Halloween" gefeiert: der Name ist eine Kurzform von „All Hallows Eve", meint also den

Linke Seite:

Nicht nur liebliche Feen, son-
dern auch gräßliche Dämonen
hausten in der Anderswelt.

Cormac's Chapel, Rock of Cashel,
Cashel, County Tipperary

Rechte Seite:

Wasserfall bei Sneem, County
Kerry

„Abend vor Allerheiligen". Die maskierten Kinder, die in dieser Nacht von Haus zu Haus ziehen und Geschenke fordern, symbolisieren die Dämonen und Gespenster, die man mit Opfergaben gnädig stimmen mußte.

Samhain hatte nicht nur bei den Iren, sondern auch bei den Festland-Kelten eine so überragende Bedeutung, daß es der katholischen Kirche nicht gelang, dieses heidnische Fest abzuschaffen. Deshalb verwandelte sie es in einen christlichen Gedenktag für die Toten, nämlich Allerheiligen.

Doch zurück zum Mythos. Die Anderswelt war ein genaues Abbild unserer Welt mit Städten und Palästen, nur viel prächtiger und strahlender, ein Ort des grenzenlosen Glücks, ohne Hunger, Krankheit und Tod: „Wir verbringen unsere Zeit mit fröhlichen Festen und nie endendem Vergnügen, werden niemals alt und haben nie Streit", berichtet eine Fee den staunenden Menschen. Deshalb hieß die Anderswelt auch „Land des Überflusses" oder „Land des Lebens". Da ihre Bewohner ewig jung blie-

ben, war sie ein Ort, „wo die Zeit keine Macht hatte", und viele Jahre auf Erden erschienen in diesem „Land der Jugend" als kurzer Augenblick. Ein Beispiel dafür finden wir in der Erzählung „Die Reise des Bran":

Bran begegnete einer verführerischen Fee, die von den Freuden der Anderswelt schwärmte. Leider war die geheimnisvolle Schöne plötzlich verschwunden, und so machte sich Bran am nächsten Morgen mit seinen Gefährten auf, um die Anderswelt zu suchen. Nach einer langen Irrfahrt übers Meer erreichten sie schließlich die „Insel der Frauen", wo betörend schöne Feenmädchen ungeduldig auf sie warteten: „Ihre Augen glänzten wie Sterne, ihre Zähne glichen dem Elfenbein und ein Überfluß von goldenem Haar hing in Locken über ihren Schultern". Im Palast richteten die Feen für jeden der Männer ein Liebesbett her und verwöhnten ihn mit seiner Lieblingsspeise, die niemals geringer wurde, soviel man auch aß.

Bran blieb ein Jahr lang bei seiner Geliebten, doch dann sehnten sich seine Männer nach der Heimat zurück. Traurig versuchte die Fee, sie umzustimmen, aber vergeblich. Als sie die Abreise nicht mehr verhindern konnte, warnte sie die Männer, nie wieder einen Fuß auf irischen Boden zu setzen. Doch als sich das Schiff der Küste näherte, konnte sich einer der Männer vor Freude nicht mehr halten, sprang ins Wasser und schwamm an Land. Kaum hatte er den Strand betreten, zerfiel er zu einem Häufchen Asche. Denn in der realen Welt waren inzwischen einige Jahrhunderte vergangen.

In dieser Geschichte finden wir neben dem ungleichen Lauf der Zeit noch ein weiteres typisches Merkmal der Anderswelt: In ihr gingen die kühnsten erotischen Phantasien in Erfüllung. Keuschheit gehörte nämlich, ganz anders als bei den prüden Germanen, nicht zu den Tugenden der Kelten, die sich mit großem Genuß den sinnlichen Freuden hingaben. Denn eine Sünde im christlichen Sinne existierte ebensowenig wie die Androhung schrecklicher Höllenqualen als Strafe für die Ausschweifungen.

So verwundert es kaum, daß auch Dagda, der Gottvater, ein regelrechter Schürzenjäger war und eine stattliche Zahl von Kindern besaß.

Rechte Seite:

Bran verliebte sich in eine Fee, doch nach einem Jahr quälte ihn sein Heimweh so sehr, daß er wieder nach Irland segelte und seine Geliebte einsam und traurig zurückließ.

Castle Freke, Roscarberry, County Cork

Von seinen Eskapaden mit der Tochter des Fomorierkönigs und der Kriegsgöttin Morrigan haben wir ja bereits gehört. Den wohl peinlichsten Ausrutscher erzählt allerdings die Geschichte vom „Werben um Etain":

Dagda besuchte seinen Bruder Elcmar und lernte bei dieser Gelegenheit dessen bezaubernde Frau Boand kennen. Im selben Moment „erfüllte heißes Begehren ihre Herzen". Am Abend forderte Dagda seinen Bruder zu einer Wolfsjagd auf. Als nun Elcmar im Dunkel der Nacht umherirrte, schlich Dagda zur Burg zurück und bat Boand um die „Gunst ihrer Lende". Sie schliefen miteinander, und Boand wurde schwanger. Damit saßen die beiden in der Klemme, denn Elcmar durfte natürlich niemals erfahren, daß sein eigener Bruder ihm Hörner aufgesetzt hatte. Deshalb lockte Dagda ihn am nächsten Tage abermals weg und griff zu einer List: Der Gott hielt einfach die Sonne neun Monate lang an. Während alle Erdenbewohner glaubten, es sei nur ein einziger Tag vergangen, war in Wirklichkeit ein dreiviertel Jahr verstrichen, und so konnte Boand die Frucht ihres Leibes unbemerkt austragen. Dagda nannte seinen Sohn Oengus, und da es ein Kind der Liebe war, machte er ihn zum Gott der Liebe.

Oengus nahm seine Pflichten als Beschützer der Liebenden wesentlich ernster als Eros, sein griechischer Amtsbruder. Bekanntlich erhielt Eros (bzw. Amor, wie ihn die Römer nannten) von den Göttern den Auftrag, goldene Pfeile in die Herzen jener Männer und Frauen zu schießen, die zueinander passen, damit sie sich ineinander verlieben. Andererseits sollte er bleierne Pfeile in die Herzen derjenigen schießen, die nichts gemeinsam haben, damit sie sich aus dem Weg gehen. Wie wir aber aus leidvoller Erfahrung wissen, treibt Eros gerne Schabernack und schießt mit sichtlichem Vergnügen goldene Pfeile in die Herzen jener Menschen, die absolut nicht zusammenpassen, und bleierne Pfeile in die Herzen derjenigen, die eigentlich füreinander bestimmt wären.

Oengus dagegen half allen Liebenden, die sich in Bedrängnis befanden. Als beispielsweise die hübsche Königstochter Grania einen Heerführer, der älter als ihr Vater war, heiraten sollte und statt dessen mit dem jungen Dermat durchbrannte, flog Oengus auf den Schwingen des

Ostwinds zu ihnen, befreite sie aus der Umzingelung ihrer Verfolger und gewährte ihnen auf seiner Burg Unterschlupf. Es ist daher wohl kein Zufall, daß Oengus zu den populärsten Göttern der alten Iren gehörte.

Als die katholische Kirche im 5. Jahrhundert von Irland Besitz ergriff, mußte sie natürlich die alten Götter und Feen bekämpfen. An dieser Stelle sei angemerkt, daß für die alten Iren die Feen mit den göttlichen De Danann identisch waren (weshalb es auch männliche und weibliche Feen gab). Um ihre Popularität zu schwächen, entwickelten die Missionare eine abstruse Theorie: die Feen seien „halb-gefallene Engel", die sich dem Aufstand Luzifers angeschlossen hätten:

Am Anfang der Schöpfung war Luzifer ein strahlender Engel voll Weisheit und von vollendeter Schönheit. Aber seine Macht und Herrlichkeit stiegen ihm zu Kopf, und in einem Anflug von Größenwahn glaubte er, Gott übertreffen zu können. Er setzte sich auf Gottes Thron und hetzte die Engel auf. Ein Drittel von ihnen schloß sich seiner Rebellion an. Doch auch Michael und seine Getreuen erhoben sich und bekämpften die Abtrünnigen. Nach einer dreitägigen Schlacht gelang es ihnen, Luzifer zu besiegen und mitsamt seinen Anhängern aus dem Himmel zu werfen. Nun aber trat Michael vor Gott und bat ihn, nicht alle Rebellen in die Hölle zu verdammen. Also ließ Gott Gnade walten und erlaubte jedem gefallenen Engel, dort zu bleiben, wo er gerade war. Jene, die noch nicht bis in die Hölle gesunken waren, sondern sich in diesem Augenblick auf der Erde befanden, verwandelten sich in Feen und geistern bis zum heutigen Tage in Irland umher.

Die „neuen" Feen waren somit eine Mischung aus guten und bösen Engeln und bekamen von den Mönchen ein dementsprechend ambivalentes Wesen zugeschrieben: Grundsätzlich seien sie den Menschen zwar wohlgesinnt, spielten ihnen aber auch gerne Streiche. So stehlen sie beispielsweise einer Mutter in einem unbeaufsichtigten Moment ihr Kind und legen statt dessen einen schreienden Wechselbalg in die Wiege. Wenn sich also ein braves Kind über Nacht in einen nervenden Quälgeist verwandelt, waren die Feen am Werk!

Rechte Seite:

Für die alten Iren waren die Feen identisch mit den Göttern der De Danann.

Iris Cave bei Carrick-a-Rede, County Antrim

Oben:

*Ballysaggartmore Castle,
Lismore, County Waterford*

Linke Seite:

*Um die Feen lächerlich zu
machen, ließ sie die katholische
Kirche auf Schmetterlingsgröße
schrumpfen – was noch
heute dem gängigen Klischee
entspricht.*

*Thomastown Castle, Thomastown,
County Tipperary*

Später trat eine weitere Veränderung ein: Um die einstmals mächtigen Feen, die sogar riesige Steine schleudern konnten, lächerlich zu machen, ließ sie die Kirche auf Schmetterlingsgröße schrumpfen. Außerdem setzte sich im Volksglauben die Meinung durch, daß Feen Flügel besäßen – was ganz offenkundig mit ihrer Abstammung von den Engeln zusammenhängt –, denn in den alten Legenden fehlt jeder Hinweis auf Flügel. Schließlich wechselte auch die Bezeichnung: Nur die weiblichen Wesen gelten heute als Feen, die männlichen dagegen als Elfen.

Die Vermischung mit christlichem Gedankengut ist typisch für viele irische Sagen, die ja, wie erwähnt, von Mönchen niedergeschrieben wurden. Auch die folgende Erzählung enthält einige nachträglich eingefügte christliche Elemente, zeigt aber dennoch sehr eindrucksvoll, wie sich die alten Iren die Anderswelt vorstellten, nämlich als ein Reich anmutiger Feen, gefährlicher Riesen und unheimlicher Geister.

DIE REISE DES MAILDUN

An einem düsteren Wintertag überfielen Seeräuber ein friedliches Dorf
an der Westküste. Sie brannten alle Häuser nieder und töteten jeden, der
ihnen in die Quere kam. Allil Ocar Aga, der Fürst des Dorfes, sah ein,
daß jeder Widerstand zwecklos war. So versuchte er mit seiner Frau zu
fliehen, doch die Seeräuber verfolgten sie. Während seine Frau weiterlief,
verschanzte sich Allil in der Kirche, aber die Plünderer brachen die Tür
ein, schlugen ihn nieder und zündeten die Kirche an. Dann schleppten
sie die erbeuteten Schätze auf ihr Schiff und segelten ab.

Einige Monate später gebar Allils Frau, der die Flucht geglückt war,
einen Sohn mit Namen Maildun. Damit er nicht ohne Vater aufwachse,
reiste seine Mutter zur Königin und gab ihr den Säugling. Die Königin
legte Maildun in die Krippe zu ihren eigenen drei Söhnen und zog ihn
wie ihr eigenes Kind auf.

Maildun wuchs zu einem stattlichen jungen Mann heran, der bei
den Wettkämpfen und Spielen alle anderen weit übertraf. Eines Tages
jedoch geriet einer seiner Spielgefährten in Wut und sprach: „Wer
bist du, daß du immer gewinnst? Wir wissen nicht einmal, wer dein
Vater und deine Mutter sind." Überrascht hielt Maildun inne, denn er
hatte fest geglaubt, daß der König und die Königin seine Eltern seien.
Sofort rannte er zu seiner vermeintlichen Mutter und schwor, nichts
mehr zu essen und zu trinken, bis er die Wahrheit erfahre. Die Königin
sah ein, daß alles freundliche Zureden zwecklos war, und brachte ihn
schweren Herzens in das Dorf an der Westküste zu seiner leiblichen
Mutter.

Bestürzt lauschte Maildun ihren Erzählungen. Danach schlenderte er
traurig durchs Dorf, wo sich bereits herumgesprochen hatte, daß er der
Sohn des ermordeten Fürsten war. Bei der Ruine der Kirche, in der sein
Vater verbrannt war, traf er eine Gruppe junger Burschen. „Anstatt deine

Zeit zu vertrödeln, solltest du lieber den Tod deines Vaters rächen", spöttelte einer von ihnen, "denn die Seeräuber treiben sich immer noch in dieser Gegend herum." Da erst erfuhr Maildun, daß die Seeräuber auf einer Insel weit draußen im Meer hausten, und er beschloß, sie aufzuspüren und seinen Vater zu rächen.

Am nächsten Tag ritt er zu Nuca, einem alten, weisen Druiden, den er um Rat und Schutz bat. Nuca berechnete die Tage, an denen Maildun mit dem Bau eines Bootes beginnen und wann er in See stechen sollte. "Nimm genau 60 Mann mit", befahl Nuca, "keinen mehr und keinen weniger! Wenn du alle Anweisungen streng befolgst, wird dir das Glück hold sein und du wirst die Mörder deines Vaters ohne Schwierigkeiten finden!"

Maildun machte alles genau so, wie Nuca gesagt hatte. Er baute ein Boot, wählte 60 Mann aus und stach in See. Doch kaum hatten sie abgelegt, sah Maildun seine drei Stiefbrüder ans Ufer laufen. "Nimm uns mit", riefen sie. "Nein", schrie Maildun zurück, "denn unsere Zahl ist voll." "Dann schwimmen wir dir nach, bis wir ertrinken!" Tatsächlich sprangen die drei ins Wasser und schwammen hinter dem Boot her. Maildun konnte sie nicht ertrinken lassen und befahl deshalb, das Schiff zu wenden und sie aufzunehmen. Klatschnaß kamen die Brüder an Bord. Nun begann ihre Reise, aber mit drei Mann zuviel.

Sie segelten zwei Tage und zwei Nächte. In der zweiten Nacht tauchten aus der Dunkelheit plötzlich zwei kleine Inseln mit zwei Burgen auf. Aus einer von ihnen drang lautes Lachen, und es gab keinen Zweifel, daß die Seeräuber bei einem Saufgelage feierten. Maildun schlich sich mit zwei Freunden lautlos an und spähte durchs Fenster. Die betrunkenen Seeräuber lachten und grölten, ohne etwas Böses zu ahnen. Plötzlich fingen zwei von ihnen einen Streit darüber an, wer der Mutigere sei. "Ich!", prahlte der Größere. "Denn ich habe damals Allil Ocar Aga niedergeschlagen und die Kirche über ihm angezündet!"

46

Rechte Seite:

Maildun beschloß, seinen Vater zu rächen und segelte zur Insel der Seeräuber.

Great Skelling, Skelling Michael, County Kerry

„Was für ein Glück", flüsterte Mailduns Freund, „jetzt haben wir den Beweis. Wir müssen nur noch aufs Schiff zurück und die anderen holen. Dann werden wir diese Meuchelmörder überfallen und niedermetzeln. Ein leichtes Spiel, denn sie sind zu betrunken, um sich zu wehren." Maildun nickte, und die drei schlichen zurück. Doch plötzlich kam ein schwerer Sturm auf, der in Sekundenschnelle zu einem Orkan anschwoll. Die drei konnten gerade noch ins Boot klettern, ehe es von einer haushohen Flutwelle fortgerissen wurde.

Drei Tage und drei Nächte trieben Maildun und seine Gefährten auf dem Meer, bis sie in der Ferne eine Insel erblickten. Als sie näherkamen, sahen sie am Strand riesige Ameisen krabbeln, jede so groß wie ein Fohlen. Entsetzt wendeten sie ihr Schiff und suchten das Weite.

Vier Tage später erreichten sie eine Insel, auf der ein gräßliches Monster hauste. Es hatte die Gestalt eines Pferdes, besaß aber Hundebeine und lange, scharfe Krallen, die seltsam blau leuchteten. Als sie näherkamen, sprang das Untier lebhaft und vergnügt am Strand auf und ab. „Es freut sich auf sein Fressen", meinte Maildun und ließ das Boot sofort abdrehen. Wütend sprang das Monster ins Wasser und schwamm ihnen nach, doch sie konnten sich aufs offene Meer retten.

Lange Zeit trieben sie ohne Orientierung und ohne Ziel auf dem endlosen Ozean. Als ihre Vorräte zu Ende gingen, überkam sie Hunger und Durst. Die Mannschaft versank in Mutlosigkeit, bis eine große, liebliche Insel vor ihnen auftauchte. Aus der Ferne entdeckten sie rote Tiere, die aussahen wie Schweine. Doch als sie heransegelten, merkten sie, daß die Tiere brannten und ihre rote Farbe von züngelnden Flammen herstammte, die unaufhörlich über ihre Körper zuckten. Obwohl die Tiere friedlich schienen und den ganzen Tag nur Äpfel fraßen, traute sich niemand an Land. Erst nach Sonnenuntergang, als die feurigen Schweine in einer Höhle schliefen, wagten sich die Männer auf die Insel. Die Erde war noch heiß von den Flammen. Schnell pflückten sie soviel Äpfel wie möglich und kehrten aufs Schiff zurück.

Linke Seite:

Maildun erreichte unbemerkt die Burg, in der die Mörder seines Vaters hausten. Weil er aber die Anweisungen des Druiden mißachtet hatte, riß ein Orkan sein Schiff fort in die Anderswelt.

Ardoginna House, Ardmore, County Waterford

Πach einiger Zeit gelangten sie zu einer kleinen Insel mit einem mächtigen Palast. Vorsichtig gingen sie an Land, konnten aber niemanden entdecken. Sie betraten den Palast und kamen in eine gewaltige Halle. In der Mitte stand eine lange Tafel, die mit den köstlichsten Speisen und Kelchen voll Bier gedeckt war. Doch dann verschlug es ihnen vollends den Atem: Die Wände, vor denen sich halbhohe, schmale Säulen befanden, waren übersät mit Gold, Silber und Juwelen, die in einem magischen Lichte funkelten und glitzerten, wie sie es noch nie gesehen hatten.

Fasziniert starrten Maildun und seine Männer auf die unermeßlichen Schätze. Dann erst bemerkten sie eine kleine schwarze Katze, die mit großer Geschicklichkeit zwischen den Säulen hin und her sprang, so, als ob sie tagein, tagaus nichts anderes täte. Als sich die Männer nun hungrig und durstig aufs Essen stürzen wollten, hielt sie Maildun zurück und fragte die Katze: „Ist diese Tafel für uns gedeckt?" Das Tier hielt inne und schaute ihn kurz mit seinen großen feurigen Augen an, wandte sich aber schnell wieder ab und sprang auf die nächste Säule. „Gut", sprach Maildun, „diese Speisen sind für uns." Jetzt aßen und tranken sie soviel sie konnten und sanken danach in einen tiefen Schlaf.

Als sie wieder erwachten, sprang die Katze noch immer umher. Maildun befahl, die restlichen Speisen einzupacken und aufs Schiff zu bringen. „Sollen wir nicht diese Schätze mitnehmen?", fragte sein ältester Stiefbruder. „Nein, auf keinen Fall", erwiderte Maildun, „denn ich bin sicher, daß sie bewacht werden." Doch Maildluns Stiefbruder konnte der Versuchung nicht widerstehen und griff nach den Juwelen. Sofort hielt die Katze inne, und als der Dieb zum Ausgang rennen wollte, sprang sie wie ein feuriger Pfeil auf ihn. Im selben Augenblick zerfiel er zu einem Häufchen Asche. Gelähmt vor Schreck, starrten die anderen zurück, während die Katze wieder auf eine Säule kletterte.

Nach einiger Zeit trat Maildun vor, hob die Juwelen vorsichtig auf und brachte sie an ihren Platz zurück. Die Katze beobachtete jede seiner Bewegungen, rührte sich aber nicht von der Stelle. Maildun

Rechte Seite:

Auf einer kleinen Insel ragte ein mächtiger Palast empor, dessen Säle bis obenhin mit Gold, Silber und Juwelen angefüllt waren.

Adare Manor, Adare, County Limerick

Maildun und seine Männer erreichten eine Insel, auf der ein Riese schwarze Schafe in weiße verwandelte und umgekehrt.

Little Skelling, Skelling Michael, County Kerry (linke Seite) und Slea Head, Dingle-Halbinsel, County Kerry (oben)

kehrte um, nahm die Asche in seine Hände und verließ mit seinen Männern so schnell wie möglich die Insel. Auf See führten sie die Totenriten aus und streuten die Überreste ihres Kameraden ins Meer.

Drei Tage später kamen sie zu einer Insel, die von einer Mauer aus Messing in zwei Hälften geteilt wurde. Auf der einen Seite grasten weiße Schafe, auf der anderen schwarze. Plötzlich erblickten sie einen Riesen, der die beiden Herden zu ordnen versuchte. Er packte ein weißes Schaf und hob es auf die andere Seite der Mauer. Zu ihrer großen Überraschung verwandelte sich das Tier augenblicklich in ein schwarzes Schaf, und als der Riese daraufhin ein schwarzes Schaf zur weißen Herde gab, wechselte dessen Farbe von schwarz nach weiß.

Da keine Gefahr drohte, überlegten die Männer, ob sie nicht landen sollten. Sie fuhren dicht ans Ufer heran, doch Maildun riet zur Vorsicht.

53

Er packte einen Zweig mit schwarzer Rinde und warf ihn auf die Seite der weißen Schafe. Sofort färbte sich die Rinde weiß. „Laßt uns abdrehen", rief Maildun, „denn wenn wir diese Insel betreten, werden wir alle schwarz oder weiß."

Kurze Zeit später tauchte eine Insel mit einer riesigen Mühle auf, vor der eine endlose Kolonne von Männern, Pferden und Ochsen aufmarschierte. Die Männer warfen riesige Säcke in einen Trichter, wobei der Müller, ein baumlanger Hüne von finsterer Gestalt, kontrollierte, ob alles ordnungsgemäß ablief.

Maildun und seine Männer gingen an Land, und als sie sich der Mühle näherten, sahen sie mit Erstaunen, daß die Säcke nicht nur Getreide, sondern alles Mögliche, ja sogar wertvolle Schätze enthielten, die von den gigantischen Mühlsteinen zu Staub zerrieben wurden. Verdutzt fragten sie den Müller, wer er sei und was er mache. „Ich bin der Müller der Hölle", antwortete er, „und alles, was ich hier mahle, sind Dinge, mit denen die Menschen nicht zufrieden waren, oder Schätze, die sie vor Gott verstecken wollten." Maildun fragte noch weiter, aber der Hüne wandte sich wortlos ab, und so kehrten auch Maildun und seine Männer um.

Auf der nächsten Insel sahen sie lauter schwarzgekleidete Leute weinend und schluchzend am Strand umhergehen. Da Maildun nicht wußte, ob Gefahr drohe, ließ er durch das Los entscheiden, wer die Insel zuerst erkunden sollte. Die Wahl fiel auf seinen zweitältesten Stiefbruder, der sich sofort aufmachte und ans Ufer ruderte. Doch kaum hatte er den Strand betreten, fing auch er an zu weinen und verschwand in der Menge.

Verblüfft schickte Maildun zwei weitere Männer hinterher, um ihn zurückzuholen. Doch auch diese beiden brachen sofort in Tränen aus, als sie an Land gingen. Daraufhin wählte Maildun nochmals vier Männer aus, befahl ihnen aber, ihre Gesichter mit Mänteln zu bedecken und niemanden anzuschauen, denn offensichtlich lastete auf dieser Insel ein

Rechte Seite:

Auf der „Insel der traurigen Leute" brach jeder in Tränen aus, sobald er den Strand betrat.

Lusk Round Tower, Lusk, County Dublin

54

Fluch. Die vier Männer taten, wie ihnen geheißen, und fanden ihre beiden Freunde, doch vom Stiefbruder fehlte jede Spur. Schließlich kehrten die sechs aufs Schiff zurück. Als man die ersten beiden fragte, warum sie in Tränen ausgebrochen waren, schüttelten sie nur die Köpfe und konnten es sich selbst nicht erklären. „Wir können uns nur noch erinnern, daß wir dasselbe getan haben, was alle anderen taten." Maildun sah ein, daß jede weitere Suche sinnlos war, und ließ die Segel hissen. So fuhr er ohne seinen Stiefbruder ab.

ᚃach etlichen Tagen erreichten die Seefahrer eine kleine Insel, in deren Mitte ein herrlicher Palast emporragte. Als sie sich ihm näherten, sahen sie, daß vor dem Eingangstor eine Quelle entsprang, über die eine Brücke aus Kristall führte. Sie wollten die Brücke betreten, doch kaum hatten sie einen Fuß auf das Kristall gesetzt, fielen sie rückwärts auf den Boden. Sie versuchten es mehrmals, wurden aber immer wieder wie von Geisterhand zurückgeworfen.

Plötzlich ging das Tor auf, und ein ungewöhnlich hübsches Mädchen mit prachtvollen blonden Locken kam aus dem Palast heraus. Sie trug ein langes, mit Juwelen besticktes Kleid und Schuhe aus Silber. Um ihren Hals hing eine Kette aus purem Gold, und ihre blauen Augen funkelten wie ein glasklarer See. Das feenhaft anmutende Mädchen ging zur Mitte der Brücke, kniete nieder, öffnete eine Platte, ließ einen Kessel an einer Kette ins Wasser hinabgleiten, wartete, bis er sich gefüllt hatte, und zog ihn wieder hoch. Fasziniert beobachteten die Männer ihre grazilen Bewegungen. „Das wäre eine Frau für Maildun", rief einer von ihnen übermütig. Das Mädchen schaute lächelnd zu Maildun auf und flüsterte mit zärtlicher Stimme: „Ja, Maildun." Dann erhob sie sich, glitt mit anmutigen Schritten zum Eingang zurück und verschwand hinter dem schweren Tor. Sehnsüchtig schauten die Männer ihr nach, ohne die Brücke betreten zu können.

Am nächsten Tag erschien das Mädchen abermals, schöpfte wieder einen Kessel voll Wasser aus der Quelle und entschwand, ohne daß die Männer mit ihr reden konnten. Drei Tage warteten sie vergeblich. Erst

Rechte Seite:

Tag für Tag beobachteten Maildun und seine Männer, wie eine zauberhafte Fee mit ihrem Kessel Wasser aus einer magischen Quelle schöpfte.

Thomastown Castle, Thomastown, County Tipperary

am vierten Tag überquerte die junge Fee die Brücke und trat vor Maildun. „Meine Liebe gehört dir, Maildun, und allen deinen Begleitern." Dann begrüßte sie jeden einzelnen mit seinem Namen. Als die Männer sie ungläubig anstarrten, meinte sie lächelnd: „Eure Ankunft wurde mir schon vor langer Zeit vorausgesagt."

Dann führte sie Maildun und die anderen zu einer nahegelegenen Burg am Ufer. Sie betraten einen prunkvollen Saal und setzten sich. Das Mädchen brachte ihnen eine seltsame Speise, die aussah wie Käse, aber nicht danach schmeckte. Vielmehr nahm sie auf der Zunge immer den Geschmack jener Speise an, die man am liebsten mochte. So hatte jeder das Gefühl, sein Lieblingsessen zu verzehren. Dazu schenkte die Fee jenes köstliche Wasser ein, das sie aus der Quelle geholt hatte. Als der Kessel leer war, entschwand sie.

Die Männer waren ganz begeistert vom delikaten Essen und der charmanten Gastgeberin. Sie scherzten und lachten ausgelassen. „Das wäre die richtige Frau für dich, Maildun." Maildun war zwar ebenfalls angetan von diesem feenhaften Wesen, gab sich aber zurückhaltend.

Erst am nächsten Tag kehrte das Mädchen mit einem vollen Kessel Wasser zurück. „Willst du nicht Mailduns Frau werden?", bestürmten sie die Männer. „Bleib doch bei uns. Du wärst die Richtige für ihn!" Das Mädchen zeigte sich weder überrascht noch verlegen, sondern antwortete ruhig und freundlich: „Es ist den Bewohnern dieser Insel streng verboten, einen Menschensohn zu heiraten. Und ich muß dieses Gesetz befolgen, denn ich weiß nicht, was Sünde und Verbrechen sind." Dann gab sie allen zu essen und zu trinken und verschwand wieder.

Dieselbe Szene wiederholte sich an den nächsten beiden Tagen. Sobald das Mädchen auftauchte, redeten die Männer mit aller Überzeugungskraft auf sie ein. Da sie von Tag zu Tag hartnäckiger und zudringlicher wurden, gab die Fee schließlich nach. „Nun gut", sprach sie, „ich will mir die Heirat überlegen und werde euch meine Entscheidung

morgen mitteilen." Lachend und vergnügt applaudierten die Männer und feierten bis tief in die Nacht hinein. Als sie am nächsten Morgen erwachten, lagen sie auf ihrem Boot und befanden sich auf hoher See – von der Insel und dem Mädchen war weit und breit nichts mehr zu sehen.

Nach ein paar Tagen gelangten sie zu einer kleinen Insel mit vielen Bäumen, auf denen unzählige Vögel saßen und fröhlich zwitscherten. Sie gingen an Land und fanden einen Eremiten. Der alte Mann war nackt, aber sein weißes Haar und sein Bart reichten bis zum Boden hinab, so daß er keine Kleider brauchte. Verwundert fragte Maildun, wer er sei und woher er komme.

„Ich komme aus Irland", sagte der Einsiedler. „Eines Tages bin ich mit meinem Boot zu einer Pilgerfahrt aufgebrochen, doch schon bald geriet ich in einen fürchterlichen Sturm, und mein Boot kenterte. Da merkte ich, daß unter meinen Füßen Land war, gerade so groß, daß ich darauf stehen konnte. Gott rettete mich und schickte jeden Tag zwei Engel, die mir morgens und abends einen halben Kuchen, einen Fisch und einen Kelch voll Bier brachten. Und jedes Jahr vergrößerte Gott meine Insel um einen Fuß, bis sie diese Größe erreichte. Die Vögel, die ihr seht, sind die Seelen meiner Kinder und Verwandten. Jedesmal, wenn einer von ihnen in eurer Welt stirbt, fliegt ein Vogel auf meine Insel und bleibt bei mir."

Neugierig lauschten Maildun und seine Männer der Geschichte. Als sie sich schließlich verabschieden wollten, sagte ihnen der Eremit die Zukunft voraus: „Ihr werdet alle wieder in eure Heimat zurückkehren, alle bis auf einen."

Auf der Weiterfahrt bemerkten die Männer plötzlich, daß das Meer glasklar und durchsichtig wie Luft wurde. Ja, es kam ihnen vor, als schwebten sie auf einer dünnen Wolke. Da sahen sie unter sich eine versunkene Insel mit sanften Hügeln, Häusern und Bäumen. Gebannt starrten sie in die Tiefe. Sie schwebten über eine Ochsenherde hinweg, die von einem Krieger mit Schwert, Lanze und Schild bewacht wurde. Plötzlich

Rechte Seite:

Maildun traf einen Eremiten, der auf einer winzigen Insel gestrandet war, gerade so groß, daß er darauf stehen konnte. Doch jeden Tag brachte ihm ein Engel Speis und Trank.

Ardmore Round Tower, Ardmore, County Waterford

60

schien er auf einem der Bäume ein Geräusch zu hören, doch anstatt sich zu wehren, rannte er panikartig davon. Jetzt entdeckten die Männer auf jenem Baum ein gräßliches Monster, das sich auf einem Ast fast lautlos vorpirschte, blitzschnell seinen Hals mehrere Meter weit vorstreckte, einen Ochsen packte, zu sich hochzog und in wenigen Sekunden verschlang.

Bei diesem Anblick erbleichten Maildun und seine Leute vor Schreck, zumal sie fürchteten, daß die dünne Wasseroberfläche einbrechen und ihr Boot auf die Insel dieser blutrünstigen Bestie hinabsinken könnte. Doch ihre Angst erwies sich zum Glück als unbegründet, und es gelang ihnen, in sichere Gewässer zu segeln.

Vor der nächsten Insel trauten sie ihren Augen nicht: Das ganze Eiland wurde von einem riesigen Wasserbogen, ähnlich einem Regenbo-

gen, überspannt. In diesem Bogen versuchten Lachse emporzuschwimmen, doch sobald sie eine gewisse Höhe erreicht hatten, fielen sie aus dem Wasser heraus, so daß die Insel mit zappelnden Fischen übersät war. Maildun und seine Gefährten gingen an Land und sammelten so viele Lachse ein, wie ihr Boot tragen konnte.

Einige Zeit später erreichten sie eine große Insel mit einem geheimnisvollen Palast, der auf einer Klippe hoch über dem Meer thronte. Als sie zum Palast emporstiegen und durch das Eingangstor blickten, sahen sie eine Schar hübscher Mädchen, die sich im Innenhof beim Spiel vergnügten.

Während die Männer noch verschnauften, preschte aus der Ferne ein Reiter heran. Erst als er näherkam, erkannten sie, daß es eine Frau war, jung, schön und mit königlichem Gewand. Über ihren Schultern wehte ein purpurfarbener Umhang, ihre Handschuhe waren mit Goldfäden bestickt, und an den Füßen trug sie Schuhe aus scharlachrotem Samt. Die kühne Reiterin bremste dicht vor ihnen ab und sprang lächelnd vom Pferd, während ein Mädchen aus dem Hof herauslief und die Zügel nahm. Wortlos ging die Frau durch das Tor, überquerte den Hof und verschwand im Palast. Doch kurze Zeit später erschien eine Dienerin und sprach: „Ihr seid willkommen auf dieser Insel. Die Königin lädt euch ein und wartet bereits auf euch."

Das Mädchen führte sie in einen großen Festsaal mit einer reich gedeckten Tafel. Die Reiterin empfing sie und begann zu erzählen: „Ich bin die Königin dieser Insel und diese jungen Mädchen sind meine Töchter. Als mein Gemahl, der König, verstarb, hinterließ er keinen Sohn, und so trat ich an seine Stelle. Jeden Tag reite ich aus, um Streitigkeiten zwischen meinen Untertanen zu schlichten und Gerechtigkeit zu sprechen."

Entzückt lauschte Maildun den Worten der Königin, die ihrerseits auch ein Auge auf ihn geworfen hatte. „Bleibt doch auf meiner Insel, anstatt in den unendlichen Weiten des Ozeans umherzuirren", meinte die

Rechte Seite:

Als Maildun und seine Männer zum Palast hoch über dem Meer emporstiegen, sahen sie eine Schar lieblicher Mädchen, die sich im Innenhof vergnügten.

Classiebawn Castle, Mullaghmore, County Sligo

Königin mit zärtlicher Stimme. „Hier gibt es keine Krankheiten und kein Altern. Ihr werdet euch ewiger Jugend erfreuen und ein Leben voller Glück genießen."

Dankbar nahm Maildun die Einladung an und blieb drei Monate. Nach dieser Zeit begannen seine Männer jedoch zu murren: „Warum kehren wir nicht in unsere Heimat zurück?" „Warum sollten wir?", fragte Maildun. „Hier haben wir alles, was wir brauchen." Aber die Männer gaben sich mit dieser Antwort nicht zufrieden. Für sie stand fest, daß Maildun die Königin liebte und die Insel nie mehr verlassen würde. So beschlossen sie, ohne ihn fortzusegeln.

Als Maildun von diesem Plan hörte, entschied er sich schweren Herzens, bei seinen Männern zu bleiben. Eines Nachmittags, als die Königin wie üblich ausgeritten war, schlichen sie aufs Schiff zurück und legten ab.

Oben:

Jedesmal, wenn Maildun fortsegeln wollte, warf ihm die Königin einen Wollknäuel nach, der in seiner Hand kleben blieb, und wie mit Geisterhand zog die Königin das Schiff zum Ufer zurück.

Castle Freke, Roscarberry, County Cork

Rechte Seite:

Maildun glückte die Flucht, und die Königin blieb allein zurück.

The White Rocks, Portrush, County Antrim

Doch kaum hatten sie ein paar Ruderschläge gemacht, galoppierte die Königin ans Ufer. Als sie sah, daß Maildun die Flucht ergreifen wollte, zog sie einen Wollknäuel hervor und warf ihn dem Schiff nach, während sie das andere Ende festhielt. Instinktiv fing Maildun den Wollknäuel auf. Zu seiner großen Überraschung blieb die Wolle in seiner Hand kleben, und die Königin zog das Schiff mit magischen Kräften ans Ufer zurück.

Während der nächsten neun Monate versuchten die Männer immer wieder zu fliehen, doch jedesmal spielte sich dieselbe Szene ab: Die Königin erschien am Ufer, warf den Wollknäuel, Maildun fing ihn auf und das Schiff wurde wie von Geisterhand zurückgezogen. Schließlich verloren die Männer die Geduld. „Du fängst den Wollknäuel absichtlich auf, weil du nicht weg willst!", warfen sie Maildun vor. „Nein", antwortete Maildun, „er fliegt mir wie von selbst zu." „Dann soll diesmal

ein anderer den Knäuel auffangen", sprach Diuran. „Vielleicht bleibt die Wolle ja nur an Mailduns Hand kleben."

So geschah es. Nach dem Ablegen erschien die Königin, warf den Knäuel, doch diesmal trat ein anderer vor Maildun und fing ihn auf. Aber die Wolle blieb auch an seiner Hand kleben und die Königin begann, das Schiff zurückzuziehen. Da zog Diuran sein Schwert und schlug dem Mann die Hand ab, die mitsamt dem Wollknäuel ins Wasser fiel. Damit war das Schiff frei, und mit kräftigen Ruderschlägen gelangten sie schnell außer Reichweite der Königin.

Lange Zeit segelten sie auf dem tosenden Ozean dahin, ehe sie die nächste Insel erreichten. Auf ihr standen seltsame Bäume, die wie riesige Haselnußsträucher aussahen, aber apfelgroße Früchte trugen, wie sie noch niemand von ihnen gesehen hatte. Die Männer zogen das Los, wer diese Früchte zuerst probieren solle. Es traf Maildun. Kaum hatte er einen Bissen hinuntergeschluckt, fiel er in Trance und erstarrte. Auf seinen Lippen bildete sich ein roter Schaum, und er hörte auf zu atmen. Niemand wußte, ob er tot oder lebendig war.

Doch genau einen Tag später, zur selben Stunde, erwachte er, und schien sichtlich beglückt von dem merkwürdigen Rausch. Er befahl seinen Männern, soviel Früchte wie möglich zu sammeln. Wieder an Bord, tranken sie den Saft und sanken ihrerseits in einen todesähnlichen, lustvollen Schlaf, um am anderen Tag ebenfalls beglückt aufzuwachen.

Auf der nächsten Insel sahen sie unzählige Leute, die sich mit fröhlichen Spielen vergnügten und pausenlos lachten. Maildun ließ abermals das Los entscheiden, wer auf Erkundung gehen solle. Diesmal traf es seinen jüngsten Stiefbruder. Kaum hatte er einen Fuß auf die Insel gesetzt, begann er ebenfalls hemmungslos zu lachen und spielte mit den anderen, als gehöre er schon sein Leben lang zu ihnen. Mißtrauisch beobachteten die Männer diesen Spuk und trauten sich nicht, an Land zu gehen und Mailduns Stiefbruder zu holen. So segelten sie ohne ihn

Rechte Seite:

Auf der nächsten Insel fand Maildun seltsame Früchte, die ihn in einen todesähnlichen, lustvollen Schlaf versetzten.

Cliffs of Moher mit O'Brien's Tower, County Clare

weiter. Nun bestand die Mannschaft wieder aus 60 Mann, genauso wie der Druide es vor der Abreise verlangt hatte.

Nach einiger Zeit entdeckten sie in der Ferne einen weißen Vogel, der auf dem Meer schwamm. Als sie näherkamen, erkannten sie jedoch, daß es ein uralter Greis mit wallendem weißen Haar und Bart war, der auf einem winzigen Felsen stand und unablässig auf die Knie fiel und wieder aufstand und währenddessen in einem fort betete. Verwundert sprach Maildun ihn an, und der Alte erzählte ihm seine Geschichte:

„Vor vielen Jahren arbeitete ich als Koch in einem Kloster. Bei jedem Essen behielt ich einen Teil der Speisen für mich und verkaufte sie an die Leute im Dorf. Schließlich packte mich die Gier, und ich wollte noch mehr Reichtümer horten. So grub ich einen Tunnel in die

70

Kirche und stahl prunkvolle Gewänder, goldene Kelche und wertvolle Bücher. Schon bald war ich so reich, daß mein Zimmer von Schätzen überquoll.

Eines Tages beauftragte mich der Abt, auf dem Friedhof ein Grab auszuheben und einen Toten zu bestatten. Während ich schaufelte, hörte ich plötzlich eine dumpfe Stimme aus dem Erdreich unter mir: ‚Hör auf zu graben!' Zuerst traute ich meinen Ohren nicht und schaufelte weiter. Doch dann drang die Stimme lauter und deutlicher aus der Erde: ‚Hör auf zu graben! Ich bin ein Heiliger und will nicht, daß ein anderer auf mich gelegt wird!' In meinem Übermut kümmerte ich mich nicht um die Warnung und machte weiter. ‚Wenn du hier einen zweiten bestattest, wird in drei Tagen das Fleisch von deinen Knochen fallen und du wirst in alle Ewigkeit Höllenqualen leiden!', drohte die Stimme. ‚Woher weiß ich, daß du die Wahrheit sprichst?', gab ich frech zurück. ‚Sieh auf den

72

Boden!', befahl die Stimme. Da sah ich, wie sich der Lehm vor meinen Augen in weißen Sand verwandelte. Zu Tode erschrocken, sprang ich aus der Grube, schaufelte alles sofort zu und beerdigte den Leichnam an einer anderen Stelle.

Einige Zeit später beschloß ich, meine Stelle als Koch aufzugeben und auf dem Meer zu leben. So baute ich mir ein Boot, lud all meine Schätze aufs Schiff und segelte der Küste entlang. Doch plötzlich kam ein mächtiger Sturm auf und riß mich aufs Meer hinaus. Tagelang trieb ich dahin, bis ich zu meinem Erstaunen einen alten Mann auf einer Welle sitzen sah. Wie von Geisterhand gezogen, fuhr mein Boot auf ihn zu und blieb regungslos vor ihm stehen.

,Du wärst nicht erfreut, wenn du das Heer um dich sehen könntest', sagte der Mann. Seine Stimme kam mir bekannt vor, doch ich konnte mich nicht mehr erinnern, wo ich sie schon einmal gehört hatte. ,Welches Heer?', fragte ich. ,Das Heer der Dämonen. Soweit das Auge reicht und bis hinauf zu den Wolken ist alles voll von den Dämonen deiner Habgier, deiner Diebstähle, deines Stolzes und all deiner Sünden und Verbrechen.' Ich war überrascht und beunruhigt. Vor allem merkte ich, daß mein Boot hier auf offener See feststeckte und ich dem alten Mann, der seelenruhig auf dem Wasser saß, nicht entkommen konnte. ,Die Foltern der Hölle sind dir gewiß', fuhr er fort, ,doch ich will dir Hoffnung auf Erlösung geben. Wirf all deine gestohlenen Schätze über Bord, und ich lasse dich weiterfahren.'

Zuerst weigerte ich mich, doch dann sah ich ein, daß es keine andere Möglichkeit gab. So warf ich meinen gesamten Besitz schweren Herzens ins Wasser. ,Nun kannst du weitersegeln', sprach der Mann, ,doch bei der ersten Insel, auf die du stößt, sollst du bleiben – für immer!' Daraufhin verschwand er, und erst jetzt fiel mir ein, woher ich seine Stimme kannte: Aus dem Grab, das ich auszuheben begonnen hatte.

Tagelang trieb mein Boot ziellos weiter, bis es plötzlich an einen Felsen stieß. Zuerst konnte ich nichts erkennen, doch dann entdeckte ich

Oben:

*Zur Strafe wurde der Dieb
auf eine einsame Insel
verbannt, wo er als Eremit
für seine Sünden büßte.*
*Great Skelling, Skelling Michael,
County Kerry*

Linke Seite:

*Rosegarland, Wellingtonbridge,
County Wexford*

eine winzige Spitze knapp unter der Wasseroberfläche. Ich stieg darauf,
und sofort wuchs die Insel, bis sie diese Größe erreicht hatte. Mein Boot
trieb davon, und so blieb ich hier. Ein Fischotter bringt mir jeden Tag
einen Lachs zu essen und einen Kelch voll Bier. Nun bete ich und büße
für meine Sünden."

Gebannt hörten Maildun und seine Männer dem Eremiten zu. Sie
blieben die ganze Nacht. Als sie am nächsten Morgen aufbrechen wollten, sprach der Einsiedler: „Maildun, du wirst die Insel mit den Mördern
deines Vaters wiederfinden, aber du sollst sie nicht töten. Gott hat dich
mit sicherer Hand auf deiner Reise begleitet und vor allen Gefahren
beschützt. So sollst auch du deinen Feinden vergeben." Maildun bedank-
te sich bei dem Eremiten, stieg nachdenklich in sein Boot und ließ den
Anker lichten. Bald darauf sahen sie einen Falken, der zunächst über
ihnen kreiste und dann nach Südwesten flog. „Dieser Falke sieht aus wie

die Falken in Irland", riefen die Männer. Maildun nickte und sprach: „Laßt uns dem Falken folgen."

Nach einem Tag tauchte im Nebel eine Insel auf, die den Männern bekannt vorkam. Es war die Insel der Seeräuber, wo ihre Irrfahrt begonnen hatte. Drei Jahre und sieben Monate waren seitdem vergangen. Maildun und seine Männer schlichen zur Burg und lauschten am Fenster. Die Seeräuber saßen beim Essen und unterhielten sich. „Wir können nur hoffen, daß Maildun uns nie findet", meinte einer. „Maildun ist ertrunken", erwiderte ein anderer. „Sei nicht so sicher", sprach ein dritter, und Maildun erkannte die Stimme wieder. Es war der Mörder seines Vaters. „Aber was kann er uns tun, wenn er hierher käme? Ich würde ihn jedenfalls freundlich empfangen."

Oben:

Nach vielen Jahren erreichte Maildun wieder die Insel der Seeräuber, wo seine Irrfahrt begonnen hatte.

Great Skelling, Skelling Michael, County Kerry

Rechte Seite:

Schließlich kehrte Maildun in seine Heimat zurück und sagte: „Später wird es eine Quelle der Freude sein, sich an diese Erlebnisse zu erinnern."

Kinbane Castle, Ballycastle, County Antrim

Als Maildun diese Worte hörte, klopfte er an die Tür und stellte sich vor. Die Seeräuber trauten ihren Augen nicht, doch nach anfänglichem Zögern hießen sie ihn und seine Gefährten willkommen und luden sie zum Essen ein. Maildun erzählte von seinen Abenteuern, denn wie ein Weiser einmal gesagt hatte: „Später wird es eine Quelle der Freude sein, sich an diese Erlebnisse zu erinnern."

Die Reise durch die Anderswelt hatte Maildun reifer gemacht, und er verspürte keinen Rachedurst mehr. So vergab er dem Mörder seines Vaters und kehrte zurück in seine Heimat, die er einige Tage später sicher erreichte.

NORÐIRISCHE SAGEN AUS ULSTER

Diese Geschichten handeln in erster Linie von Cuchulinn, dem großen irischen Nationalhelden. Sein Vater war der Sonnengott Lugh, seine Mutter von menschlichem Geblüt. Bereits im zarten Alter von fünf Jahren verließ Cuchulinn sie und zog auf die nordirische Königsburg Emuin Macha, wo er sogleich alle Knaben in den Wettkämpfen übertraf. Zum Beispiel vermochte er so schnell zu rennen, daß er eine Kugel, die er mit seiner Schleuder abgeschossen hatte, noch während des Fluges wieder auffangen konnte.

Als Cuchulinn sieben Jahre alt war, hörte er zufällig ein Gespräch seiner Freunde mit dem Druiden Cathbad. „Wozu ist der heutige Tag gut?", fragte einer der Burschen. „Wer heute seine Waffen empfängt, wird als Held in die Geschichte eingehen", antwortete der Druide. „Er wird zwar nicht lange leben, aber sein Ruhm wird die Zeiten überdauern."

Fasziniert lauschte Cuchulinn diesen Worten. „Und wenn mein Leben nur einen Tag und eine Nacht dauerte, wichtig ist mir allein mein Nachruhm", sagte er zu sich, trat frech vor den König und forderte Waffen. Der König ließ verschiedene Schwerter, Lanzen und Schilde bringen, doch Cuchulinn zerbrach alle. Nur des Königs eigene Waffen hielten seiner Kraft stand. Mit der größten Selbstverständlichkeit nahm sie Cuchulinn an sich.

Nun war die Zeit reif für seine erste Heldentat, was nichts anderes bedeutete, als daß er einen Feind besiegen und dessen Kopf als Trophäe mitbringen mußte. Cuchulinn zog in die verhaßte Nachbarprovinz und köpfte in „heiliger Raserei" gleich drei Gegner. (Das Phänomen der heiligen Raserei war bei den Kelten allgemein üblich und ist historisch verbürgt: Cäsar und Tacitus berichten übereinstimmend, daß die keltischen Krieger oft splitternackt in den Kampf zogen, um den Göttern näher zu sein. Dann fielen sie in blinde Wut, wobei sie ohne Rücksicht auf Verluste wie wahnsinnig um sich schlugen und in eine solche Ekstase gerieten, daß sie weder Freund noch Feind unterscheiden konnten.)

Unglücklicherweise konnte sich Cuchulinn aber nicht mehr beruhigen. Tobend vor Wut stürmte er auf Emuin Macha zu. Als der König ihn von ferne sah, wußte er sofort, daß kein Krieger und kein Heer ihn aufhalten konnten. Deshalb schickte er ihm 150 Frauen entgegen. Als Cuchulinn näherkam, riß jede Frau ihr Kleid auf und zeigte ihm den nackten Busen. Wie es sich für einen wohlerzogenen Knaben gehörte, verschloß Cuchulinn schamhaft die Augen. In diesem Moment konnte er überwältigt werden, und man brachte ihn auf die Burg. Dort steckte man ihn in ein Faß mit eiskaltem Wasser, das aber vor Hitze zersprang, als er eintauchte. Auch das Wasser im zweiten Faß fing an zu kochen, als man ihn hineinwarf. Erst das dritte Faß Wasser konnte den Helden abkühlen.

Cuchulinn wuchs zu einem jungen Mann von geradezu überirdischer Schönheit heran. Wenn er durch eine Menschenmenge ging, „stiegen die

Frauen auf die Schultern ihrer Männer, um ihn sehen zu können". Verständlicherweise waren die Männer über diese enorme Anziehungskraft auf das weibliche Geschlecht nicht gerade erfreut. Deshalb beschlossen sie, für Cuchulinn eine Frau zu suchen, damit er in feste Hände komme. Ein Jahr lang hielten sie in ganz Irland Ausschau nach einer passenden Braut, doch Cuchulinn wies alle zurück. Schließlich begab er sich selbst auf die Suche.

Nun besaß Fürst Forgall Monach, „der Verschlagene", eine wunderschöne Tochter mit Namen Emer, deren Zähne „wie Diamanten funkelten" und deren Lippen „rot wie Blut" waren, die aber bislang alle Brautwerber abgewiesen hatte. Als sich Cuchulinn vorstellte, beugte sich Emer vor und gewährte ihm einen tiefen Blick in ihr Dekolleté, woraufhin er trocken meinte: zwischen diesem Doppelhügel möchte er seine Waffen ruhen lassen. Emer war ausgesprochen klug und verstand als einzige Cu-

chulinns Rätselsprache (die alten Iren liebten es, sich so unverständlich wie möglich auszudrücken), doch verschmähte sie zunächst auch den Sohn des Sonnengottes, weil ihm noch nicht einmal ein Bart wuchs. So stellte sie ihm drei Mutproben, mit denen er beweisen sollte, daß er ein richtiger Mann war.

Cuchulinn bestand diese Proben natürlich spielend. Die eigentliche Gefahr drohte ihm durch Emers Vater, der von seinem Schwiegersohn in spe alles andere als entzückt war. Deshalb schlich er verkleidet an den Hof des Königs und verkündete, daß ein Krieger nur dann ein wahrer Held sei, wenn er die Ausbildung von Scathach überstanden habe. Scathach, „die Dunkle", herrschte als gefürchtete Waffenmeisterin über das „Land der Finsternis". Cuchulinn ließ den versteckten Vorwurf, er sei kein Held, weil er keine Ausbildung von Scathach habe, natürlich nicht auf sich sitzen und machte sich auf den Weg ins Land der Finsternis. Genau darauf hatte Emers Vater spekuliert. Er hoffte, daß Cuchulinn – wie so viele vor ihm – niemals wiederkehren werde.

Der Weg ins Land der Finsternis führte über eine schmale Brücke, die nur in der Mitte befestigt war, während die Enden frei in der Luft hingen. Darunter lag ein schwarzer, bodenloser Abgrund. Als Cuchulinn das eine Ende der Brücke betrat, gab es unter seinen Füßen nach, so daß er auf den Rücken fiel und in den Abgrund zu stürzen drohte. Im letzten Moment konnte er sich festhalten, und glücklicherweise wippte die Brücke wie eine Schaukel zurück, so daß er wieder den rettenden Felsen erreichte. Dreimal versuchte er vergeblich, auf diese Weise hinüberzukommen. Beim vierten Mal nahm er schließlich Anlauf und sprang mit einem gewaltigen Satz auf die Mitte der Brücke und von dort aus auf die andere Seite.

Als Cuchulinn auf Scathachs Burg eintraf, begegnete ihm zuerst deren Tochter Uathach, „die Schreckliche". Wie nicht anders zu erwarten, verliebte sie sich sofort in den jungen Helden. Wegen ihrer abstoßenden Häßlichkeit wies Cuchulinn sie jedoch zurück. Als sie trotzdem sein Haar streichelte, brach er ihr einen Finger. Uathach gab

84

aber nicht so schnell auf, und am dritten Tage „teilte Cuchulinn das Lager mit ihr". Zur Belohnung verriet sie ihm das Mysterium ihrer Mutter: Jeden Tag liege Scathach auf dem Ast einer Eiche. Nur in dieser Stellung sei sie verwundbar. Cuchulinn müsse ihr nur auf die Brust springen und könne dann die Preisgabe der Geheimnisse ihrer Waffenkunst fordern.

Am nächsten Morgen kletterte Cuchulinn auf die Eiche, und als sich Scathach auf den Ast legte, sprang er ihr auf die Brust. Hilflos gab sie seinen Forderungen nach und weihte ihn in ihre todbringenden Künste ein. So lehrte sie ihm beispielsweise den Gebrauch eines magischen Speers, den man unter Wasser mit den Zehen wegschleuderte und dessen Spitze sich in 30 kleine Spitzen teilte, sobald er in den Körper des Feindes eingedrungen war.

Kaum hatte Cuchulinn seine Ausbildung beendet, fiel Aife, die gefährlichste Amazone der Unterwelt, in Scathachs Reich ein und forderte ihre verhaßte Gegnerin zum Zweikampf heraus. Übermütig trat Cuchulinn an Scathachs Stelle, denn die Regeln erlaubten, daß ein anderer die Herausforderung annimmt. Cuchulinn und Aife trafen sich auf einem schmalen Bergkamm. Gleich mit dem ersten Hieb zertrümmerte Aife das Schwert ihres Gegners, so daß Cuchulinn wehrlos dastand. Doch ehe Aife zum tödlichen Schlag ausholen konnte, griff er zu einer List: Da er wußte, daß Aife nichts auf der Welt mehr liebte als ihren Streitwagen und ihre Pferde, schrie Cuchulinn, Wagen und Pferde würden den Berghang hinunterstürzen. Erschrocken drehte sich Aife um. In diesem Augenblick packte Cuchulinn zu und schleuderte sie zu Scathach, die ihre Rivalin sofort überwältigte.

Nach diesem Abenteuer kehrte Cuchulinn ins Land der Lebenden zurück und heiratete Emer, die ihm bis zu seinem Ende eine treue und liebevolle Ehefrau bleiben sollte. Allerdings währte ihr Glück nur kurz, denn wie der Druide Cathbad es vorausgesagt hatte, war Cuchulinn kein langes Leben beschieden. Schon das nächste Abenteuer sollte das Schicksal des nunmehr 17-jährigen besiegeln.

Rechte Seite:

*Scathach, „die Dunkle",
herrschte als gefürchtete
Waffenmeisterin über das
„Land der Finsternis".*

*Dromore Castle, Pallaskenry,
County Limerick*

DER RIПDERRAUB VOП CULY

Diese Geschichte bildet den Hauptteil des Ulster-Zyklus und gilt neben den Sagen um Finn MacCool, die wir im nächsten Kapitel kennenlernen werden, als das irische Nationalepos schlechthin. Es würde hier allerdings zu weit führen, diesen gewaltigen Mythos auch nur annähernd wiederzugeben. Wir wollen uns deshalb auf die zentralen Ereignisse beschränken:

Eines Nachts lagen die Königin Maeve und ihr Mann Ailill gemeinsam im Bett und kamen auf die bei diesem Anlaß eher seltsame Frage, wer von beiden reicher sei. Jeder zählte seinen gesamten Besitz auf und es stellte sich heraus, daß beide genau gleich viel hatten – bis auf einen kleinen, aber feinen Unterschied: Ailill besaß einen riesigen Stier, zweifellos ein Geschöpf aus der Anderswelt, denn er konnte 30 Mann tragen und war wegen seiner Größe „der Liebling aller Kühe".

Maeve brannte darauf, mit ihrem Gemahl gleichzuziehen, und ließ das ganze Land nach einem ebenbürtigen Stier absuchen. Nun war Irland zu jener Zeit ähnlich geteilt wie heute, nämlich in die nördliche Provinz Ulster und die vier südlichen Provinzen, die Maeve beherrschte. Doch in keiner der vier südlichen Provinzen gab es einen so gewaltigen Stier. Nur König Conchobar in Ulster besaß ein solches Tier. Folglich beschloß Maeve, den Stier aus Nordirland zu stehlen, und so kam es zum Krieg zwischen Nord und Süd.

Unglücklicherweise lastete auf den Männern Nordirlands ein alter Fluch: Immer dann, wenn die größte Gefahr drohte, wurden sie kraftlos „wie ein Weib, das in den Wehen liegt". Dieser Zustand dauerte ein halbes Jahr an. Maeve kannte diesen Fluch und machte ihn sich zunutze: Sie marschierte mit 60 000 Mann in Ulster ein, woraufhin alle Nordiren wie Schwächlinge zu Boden fielen. Nur Cuchulinn blieb stark, denn er war ja kein gewöhnlicher Mensch, sondern der Sohn eines Gottes. So stellte

Linke Seite:

Königin Maeve erklärte Nordirland den Krieg und brachte damit Tod und Zerstörung über das Land.

Ardmore Round Tower, Ardmore, County Waterford

Oben:

Königin Maeve verlor den Krieg, was den Untergang der matriarchalischen Gesell-schaftsordnung bedeutete.

Coppinger's Court, Roscarberry, County Cork

Linke Seite:

Dunboy Castle, Castletown-berehaven, County Cork

er sich Maeves Truppen allein entgegen. Durch seine übermenschlichen Kräfte gelang es ihm zwar, ihr Heer an einem Fluß aufzuhalten, doch konnte er den Raub des riesigen Stiers nicht verhindern.

Ein halbes Jahr lang widerstand Cuchulinn der feindlichen Übermacht, bis die Männer von Ulster endlich aus ihrer Lethargie erwachten und Maeves Armee in der Entscheidungsschlacht vernichtend besiegten. Maeve selbst konnte zwar entkommen, doch ihre Freude über den erfolgreichen Rinderraub währte nur kurz, denn als „ihr" Stier auf den Stier ihres Gatten Ailill traf, senkten die beiden ihre Hörner zum letzten Gefecht und töteten sich gegenseitig.

An dieser Stelle sei kurz auf die tiefere Bedeutung des Kampfes zwischen *Königin* Maeve und *König* Conchobar eingegangen. In Irland herrschte seit Urzeiten das Matriarchat, so daß Frauen stets die dominie-

rende Rolle spielten. Die De Danann stammten beispielsweise von der *Göttin* Dana ab. Auch die Thronfolge wurde über die weibliche Linie weitergegeben, das heißt, wer König werden wollte, mußte die *Tochter* der Königin oder des Königs heiraten. Natürlich war jede Frau bei der Wahl ihres Gatten völlig frei und konnte sich auch wieder scheiden lassen, wenn ihr Mann sie schlug, beschimpfte, betrog oder wenn sich nachträglich herausstellte, daß vor der Heirat ein Liebestrank verabreicht worden war. (Dieses Scheidungsrecht verloren die Iren mit der Einführung des Christentums und erhielten es erst 1995 wieder zurück!)

Das Matriarchat bedeutete aber keineswegs eine Entrechtung der Männer. Sowohl in den Sagen als auch in den Berichten römischer Chronisten finden wir genügend Beispiele für überaus selbstbewußte männliche Helden. Bei Kriegen zogen beispielsweise die Frauen mit dem Heer mit, beobachteten die Schlachten aus der Ferne und feuerten ihre Männer an, um sie zu tollkühnen Heldentaten anzuspornen. Dies dürfte die Wurzel der mittelalterlichen Ritterturniere sein, bei denen es ja nicht zuletzt darum ging, der holden Weiblichkeit zu imponieren.

Da Irland nie zum römischen Imperium gehörte, konnte sich das Matriarchat bis ins 1. Jahrhundert n. Chr. halten. Dann allerdings erfolgte ein langsamer Übergang zum Patriarchat. Die Geschichte vom „Rinderraub von Culy" spiegelt diese Veränderung wider und ist gleichzeitig ihre psychologische Aufarbeitung: Die Vertreterin der alten matriarchalischen Ordnung, Königin Maeve, trifft auf die Repräsentanten des neuen Patriarchats, König Conchobar und Cuchulinn. Die Königin verliert den Kampf, bleibt aber am Leben: Ohne die Mutter kann es kein Leben geben, sie wird aber auf den zweiten Rang zurückgestuft.

Aber zurück zum Mythos: Während des Kampfes hatte Cuchulinn auch den Krieger Calatin und seine 27 Söhne getötet, doch dessen Frau gebar nach seinem Tode Sechslinge: drei Söhne und drei Töchter. Diese Kinder schworen bittere Rache. Die Töchter wurden zu Hexen und lockten Cuchulinn in eine tödliche Falle. Sie wußten nämlich, daß auf ihm zwei „Gesa" lasteten. (Ein Gesa war ein Zauberbann, den jemand über

Rechte Seite:

Während des Krieges hatte Cuchulinn auch Calatin getötet, dessen Töchter zu Hexen wurden und bittere Rache schworen.

Carlow Castle, Carlow, County Carlow

92

einen anderen verhängen konnte und der unbedingt zu befolgen war. Wer ein Gesa brach, wurde unweigerlich vom Schicksal dafür bestraft.)

In jungen Jahren hatte Cuchulinn den Hund eines Schmieds getötet, der ihm aus Rache den Bann auferlegte, er dürfe niemals Hundefleisch verzehren. Außerdem mußte er jede Einladung annehmen. Eines Tages saßen nun drei Hexen, die Töchter des Calatin, am Wegrand und grillten Hundefleisch über einem Feuer. Als Cuchulinn vorbeikam, luden sie ihn ein mitzuessen. Damit geriet Cuchulinn in die Zwickmühle: Er durfte keine Einladung abschlagen, aber auch kein Hundefleisch essen. Der junge Held versuchte, sich mit einem Trick aus der Schlinge zu ziehen: Er nahm die Einladung zwar an, schluckte das Fleisch aber nicht, sondern versteckte es heimlich unter seinem linken Schenkel. Allerdings hatte dieser Trick ungeahnte Folgen: in seinem linken Bein und seiner linken Hand verlor Cuchulinn alle Kraft.

Als er weiterzog, forderten ihn die drei Söhne Calatins mit spöttischen Verhöhnungen zum Kampf heraus. Erbost tötete Cuchulinn einen von ihnen mit seinem magischen Speer, doch der zweite packte diese Waffe und stieß sie ihm in den Bauch. Schwer getroffen, erkannte der Held, daß er seinem Schicksal nicht mehr entrinnen konnte. Um seinen Feinden selbst im Tode aufrecht zu begegnen, band er sich mit seinem Gürtel an einem Stein fest. So traute sich niemand in seine Nähe, selbst nachdem er gestorben war. Erst als die Kriegsgöttin Morrigan in Gestalt eines Raben auf seine Schulter flog, wagte sich einer der Söhne Calatins vor und schlug Cuchulinn den Kopf ab.

Linke Seite:

Als Cuchulinn starb, setzte sich die Kriegsgöttin Morrigan in Gestalt eines Raben auf seine Schulter.

Timoleague Abbey, Timoleague, County Cork

"
Nicht lange – und finster wurde der Himmel,
Und Wind kam auf von allen Seiten,
Der Ozean brauste gewaltig auf,
Und die Sonne war nicht mehr zu erblicken.

In der Ferne sahen wir einen Palast,
Welch königliche, großartige Festung,
Ja, die wunderbarste, die ein Auge je sah.
Ist sie das nahe Ziel unserer Reise? "

AUS: OISINS LIED ÜBER DAS LAND DER JUGEND

Oben:

Am Fluß Boyne fing
Finn Eices den „Lachs der
Weisheit". Als Finn MacCool
ihn aß, konnte er augen-
blicklich alles Vergangene,
Gegenwärtige und
Zukünftige sehen.

Lismore Castle, Lismore,
County Waterford

SÜDIRISCHE SAGEN UM FINN MacCOOL

er zweite große irische Nationalheld ist Finn Mac-Cool. Die Sagen, die sich um ihn ranken, entstanden einige Zeit nach denen des Ulster-Zyklus und verdrängten die Erzählungen um Cuchulinn teilweise.

Wie Cuchulinn besaß auch Finn einen göttlichen Vorfahren, was bereits eine außergewöhnliche Karriere erahnen läßt. In jungen Jahren beschloß Finn, Dichter zu werden, nicht zuletzt deshalb, weil Poeten im alten Irland ein besonders hohes Ansehen und zahlreiche Privilegien genossen, wie etwa Bewegungsfreiheit und Immunität. (Noch heute besitzen irische Künstler spezielle Vorrechte. So müssen sie beispielsweise keine Steuern zahlen.)

Finn machte sich auf den Weg zum Boyne, einem mächtigen Fluß, an dessen Ufer der Dichter Finn Eices lebte und schon seit sieben Jahren versuchte, den „Lachs der Weisheit" zu fangen. Wer nämlich diesen Fisch fing und aß, der sollte einer alten Prophezeiung zufolge augenblicklich göttliche Erleuchtung erlangen und alles Vergangene, Gegenwärtige und Zukünftige sehen können. Und da die Prophezeiung weiter besagte, daß eines Tages ein Mann mit Namen Finn die Weisheit des Lachses erlangen werde, machte sich Finn Eices berechtigte Hoffnungen und saß jeden Tag von Sonnenaufgang bis Sonnenuntergang mit seiner Angel am Ufer. Doch ohne Erfolg.

Als nun der junge Finn MacCool zum Dichter kam und ihn bat, sein Schüler werden zu dürfen, stimmte der alte Finn zu. Kurz darauf biß der Lachs tatsächlich an. Überglücklich zog ihn der alte Finn aus dem Wasser und gab ihn seinem neuen Schüler, damit er ihn brate. „Aber du darfst auf keinen Fall davon essen!", schärfte ihm der Dichter ein. Denn nur derjenige, der als erster vom Lachs aß, kam auch in den Genuß der Weisheit.

Der junge Finn befolgte die Anordnung gewissenhaft, doch als er den gebratenen Lachs vom Spieß nehmen wollte, verbrannte er sich den

Daumen. Instinktiv steckte er den Finger in den Mund, um ihn abzukühlen. In diesem Moment durchströmte ihn die göttliche Weisheit, die er Zeit seines Lebens behalten sollte. Jedesmal, wenn er ein verborgenes Geheimnis ergründen wollte, brauchte er nur mit den Zähnen auf seinem Daumen zu kauen und erfuhr sogleich alles, was er wissen wollte. (Die Vorstellung, daß man durch die Zähne Weisheit erlangen könne, hat sich bis heute erhalten. Noch immer heißen die hintersten Zähne „Weisheitszähne".)

Offenbar erkannte Finn nun auch, daß er nicht zum Dichter geboren war, sondern zum Krieger. Den Zehnjährigen dürstete nach seiner ersten Heldentat, und so machte er sich auf den Weg nach Tara. Dort erschien jedes Jahr an Halloween ein gräßlicher Dämon, der mit lieblicher Musik alle Bewohner der Königsburg in tiefen Schlaf wiegte und anschließend den Palast mit seinem feurigen Atem bis auf die Grundmauern niederbrannte.

Jahr für Jahr versuchten die Krieger von Tara, wach zu bleiben und den Dämon zu vernichten. Ohne Erfolg, denn kein gewöhnlicher Sterblicher konnte der süßen Musik widerstehen. Da bot sich Finn an, die Nachtwache zu halten. Als er die Harfenlaute vernahm, überkam auch ihn eine bleierne Müdigkeit, doch er preßte die Spitze seines magischen Speers gegen die Stirn und wurde dadurch unbesiegbar.

Im Glauben, daß alle schliefen, stieß der Dämon seinen feurigen Atem aus, doch Finn warf seinen purpurfarbenen Mantel in die Luft und fing so die Flammen auf. Der Dämon hatte nicht mit Gegenwehr gerechnet und war, wie sich nun herausstellte, auch nicht besonders mutig. Sofort ergriff er die Flucht, aber Finn folgte ihm und durchbohrte sein Herz mit dem Zauberspeer. Als die Bewohner von Tara am nächsten Morgen erwachten und den toten Dämon sahen, kannte ihre Begeisterung keine Grenzen. Jubelnd brachten sie Finn zum König, der den jungen Helden sofort zum Anführer der Fianna machte, einer aus den besten Kriegern des Landes bestehenden Elitetruppe.

Linke Seite:

Jedes Jahr an Halloween brannte ein gräßlicher Dämon mit seinem feurigen Atem die Königsburg von Tara nieder – bis Finn ihn besiegte.

Dromore Castle, Pallaskenry, County Limerick

Unzählige Sagen ranken sich um Finns weitere Heldentaten. Eine der berühmtesten schildert, wie der „Giant's Causeway", der Damm des Riesen, entstand. Heutige Wissenschaftler behaupten zwar, die sechs- eckigen Steinsäulen hätten sich zufällig durch erstarrte Lava gebildet, aber solche Erklärungen sind wohl blanker Unsinn! In Wirklichkeit hat nämlich Finn MacCool den Damm gebaut, wie die folgende Geschichte beweist:

Eines Tages kam Finn zu Ohren, daß in Schottland ein Riese lebte, der sich fortwährend über ihn lustig machte. Wutentbrannt ließ Finn ihm eine Nachricht zukommen, daß er ihn zum Zweikampf herausfor- dere. Nun wurde dem Riesen doch etwas mulmig zumute, denn immer- hin genoß Finn einen legendären Ruf als Krieger. So erfand der Schotte eine Notlüge: Er würde die Herausforderung gerne annehmen, doch lei- der könne er nicht schwimmen und sähe daher keine Möglichkeit, nach Irland zu gelangen.

Diese faule Ausrede ließ Finn natürlich nicht gelten. Kurzerhand zog er sein Schwert, schlug Tausende von Steinen zu sechseckigen Blöcken und baute einen Damm nach Schottland. Als er dort ankam, hatte sich der Riese gerade zurückgezogen, aber Finn merkte an den Fußabdrücken, daß sein Gegner doch erheblich größer und stärker war als vermutet. Deshalb lief er schleunigst nach Hause zurück, konnte aber nicht verhin- dern, daß der Riese ihm folgte. Verzweifelt fragte Finn seine Frau um Rat. „Zieh dir Windeln an und leg dich wie ein Säugling ins Bett", emp- fahl sie.

Finn tat, wie ihm geheißen. Als der Riese an das Tor pochte, öffne- te die Frau, und er fragte, ob Finn zu Hause sei. „Nein", antwortete die Frau, „nur sein kleiner Sohn." Ob er ihn sehen wolle? Der Riese trat an die Wiege und glaubte tatsächlich, ein Baby vor sich zu haben. „Wenn der Säugling schon so groß ist, wie groß wird dann erst der Vater sein?", dachte er und erbleichte vor Schreck. „Hat er schon Zähne?", fragte der Riese und steckte dem Kind einen Finger in den Mund. In diesem Moment preßte Finn mit aller Kraft die Zähne zusammen und

Mit seinem Schwert schlug Finn MacCool Steine zurecht und baute mit ihnen einen Damm nach Schottland, um den dortigen Riesen zum Zweikampf herauszufordern.

Giant's Causeway, County Antrim

biß den Finger ab. Heulend vor Schmerz, rannte der Riese davon und brach den Damm hinter sich ab, damit Finn niemals nach Schottland komme. Deshalb sind heute nur noch die letzten Reste dieses Bauwerks erhalten.

Der Riese nahm Finns Herausforderung an, ließ sich aber durch einen Trick überlisten. Hals über Kopf flüchtete er nach Schottland zurück und brach den Damm hinter sich ab, weshalb heute nur noch die letzten Reste zu sehen sind.

Feen-Baum bei Dromore Castle, Pallaskenry, County Limerick (linke Seite) und Giant's Causeway, County Antrim (oben)

DIE MACHT DER DRUIDEN

Nach unserem Streifzug durch die irische Sagenwelt kehren wir nun auf den Boden der Realität zurück, um die Geheimnisse der wohl faszinierendsten Gestalten im Reich der Kelten zu ergründen: der Druiden. Das Wort „Druide" bedeutet „der besonders viel Wissende" oder „der Hochweise", und damit sind wir schon beim Kern der Sache: Druiden waren Lehrmeister, Ärzte, Priester, Weissager, Astronomen, Ratgeber des Königs, Richter und Zauberer in einer Person.

Wir wollen nun diese verschiedenen Funktionen näher beleuchten, wobei wir aber vor einem nicht unbeträchtlichen Problem stehen: Wie bereits erwähnt, haben die Druiden selbst nichts aufgeschrieben. Wir sind deshalb auf mehr oder weniger glaubwürdige Informationen aus zweiter Hand angewiesen: römische und griechische Chroniken, Aufzeichnungen katholischer Mönche sowie alte Sagen und Legenden. Als beste Quelle gilt allgemein Julius Cäsar, weil er selbst fast zehn Jahre in Gallien lebte, mehrere Druiden persönlich kannte und in seinen Berichten über den „Gallischen Krieg" (Buch VI, 13–16) relativ vorurteilsfrei von ihnen erzählt. Man darf annehmen, daß seine Aussagen nicht nur auf gallische, sondern auch auf britische und irische Druiden zutreffen.

An dieser Stelle sei vorausgeschickt, daß es auch Druidinnen gab, auf die wir später noch eingehen werden. Da ihre Zahl aber deutlich geringer war als die der Männer, sei im folgenden nur von „Druiden" die Rede.

Als „Männer des Wissens" waren die Druiden geachtete Lehrmeister, die sorgfältig ausgewählte Schüler unterrichteten. „Wie es heißt, lernen sie [die Schüler] eine große Zahl von Versen auswendig. Daher bleiben einige zwanzig Jahre lang im Unterricht. Sie halten es für Frevel, diese Verse aufzuschreiben. (...) Wie mir scheint, haben sie [die Druiden] das aus zwei Gründen so geregelt: Einmal wollen sie nicht, daß ihre Lehre allgemein bekannt wird, zum anderen wollen sie verhindern, daß die Lernenden sich auf das Geschriebene verlassen und ihr Gedächtnis weniger üben", schreibt Cäsar. Nach der Erzählung vom „Rinderraub von Culy"

104

schlossen nur acht Schüler die Ausbildung des Druiden Cathbad erfolgreich ab. Auch wenn es sich hier um eine Legende handelt, dürfte sie doch ein Körnchen Wahrheit enthalten: Die Druiden waren eine geistige Elite, die ein absolutes Wissens- und Machtmonopol besaß.

Als Ärzte kannten die Druiden die tiefsten Geheimnisse der Natur. Im Mittelpunkt stand die Pflanzenheilkunde, bei der die Mistel eine überragende Rolle spielte. Die Druiden sahen in ihr ein Allheilmittel und bereiteten aus ihren Früchten eine Art Zaubertrank. So verwundert es kaum, daß schon das Abschneiden der Misteln nach einem heiligen Ritual ablief: „Am sechsten Tage im Mondzyklus besteigt der Druide, bekleidet mit einem weißen Gewand, den Baum und schneidet die Mistel mit einer goldenen Sichel ab. Sie wird mit einem weißen Tuch aufgefangen. Dann schlachten sie Opfertiere und bitten den Gott, er wolle sein Geschenk denen, welchen er es gegeben hat, zum Glück gereichen lassen", schreibt Plinius der Ältere in seiner „Naturgeschichte"

Oben:

Mit einer goldenen Sichel schnitten die Druiden Misteln ab und brauten aus ihren Früchten einen Zaubertrank.

Drombeg Stone Circle, Glandore, County Cork

Rechte Seite:

Caldragh Graveyard, Boa Island, County Fermanagh

(Kapitel XVI, 95). Interessanterweise fand die moderne Medizin heraus, daß Misteln tatsächlich gegen Schlaflosigkeit, hohen Blutdruck und Krebs helfen und das Immunsystem stärken.

Als Priester standen die Druiden in direkter Verbindung mit den Göttern, leiteten die Zeremonien, führten Rituale aus und brachten Opfer dar – auch Menschenopfer, wie Cäsar, Lukan, Tacitus und andere Römer berichten. Funde von Moorleichen bestätigen diese Schilderungen, auch wenn deren Zahl bei weitem nicht so groß ist, wie man aufgrund der römischen Horrorgeschichten erwarten könnte. Wahrscheinlich wollten die römischen Chronisten ihre Landsleute schockieren und die Kelten als Barbaren in Verruf bringen. Grundsätzlich darf man annehmen, daß die Art des Opfers von der Bedeutung der göttlichen Hilfe abhing. Bei alltäglichen Angelegenheiten wurden Tiere geopfert, Menschen dagegen nur bei wichtigen Anliegen wie etwa der Bitte um göttlichen Beistand im Krieg.

Oben:

Als Priester standen die Druiden in direkter Verbindung mit den Göttern.

Menhir bei Kealkill, County Cork

Rechte Seite:

In dunklen Wäldern führten die Druiden ihre geheimen Rituale aus.

Wald bei Ballysaggartmore Castle, Lismore, County Waterford

Die Opferrituale fanden in Wäldern, Hainen und natürlich in Stein-
kreisen statt. Bis zum Ende des 19. Jahrhunderts glaubte man fest, daß
die Steinkreise, Dolmen (wörtlich: „Steintisch"; ein Grab, das mit einem
riesigen Stein bedeckt ist) und Menhire (wörtlich: „Langstein"; ein ein-
zelner, aufrecht stehender Stein) von den Kelten für die Zeremonien der
Druiden errichtet worden seien. Noch heute heißen Dolmen im Volksmund „Druidenaltäre". Diese Meinung ist vollkommen falsch. Durch
moderne Radiokarbonmessungen wissen wir mit Sicherheit, daß diese
Kultstätten schon lange vor der keltischen Einwanderung existiert
haben. Auch das berühmte Stonehenge stammt aus früherer Zeit: Der
Bau der Anlage wurde bereits um 3000 v. Chr. begonnen und um 1100
v. Chr. abgeschlossen, also 300 bis 500 Jahre bevor die Kelten nach Britannien kamen. Wer die Erbauer waren, bleibt im Dunkeln. Allerdings
dürften die Druiden die Religion ihrer Vorgänger gekannt und die
Monumente später für ihre eigenen Zwecke genutzt haben. – Eine inter-
essante Frage ist, welche Religion die Druiden eigentlich predigten.

Aus den römischen Quellen kennen wir nur Bruchstücke von ihr. Am meisten beeindruckte Cäsar jedenfalls die Idee der Seelenwanderung: „Der Kernpunkt ihrer Lehre ist, daß die Seele nach dem Tode nicht untergehe, sondern von einem Körper in den anderen wandere." Diese Seelenwanderung darf allerdings nicht mit der buddhistischen oder hinduistischen Reinkarnation verwechselt werden, denn ohne Zweifel glaubten die Kelten, daß die Seele an einem *anderen* Ort wieder auferstehen werde. Nun ist aber diese *Anderswelt*, wie wir schon wissen, ein Ort der Freuden und der Lust. Die Vorstellung, daß die Seelen wieder in einen neuen, jungen Körper hineinschlüpfen und sich im „Land der Jugend" oder auf der „Insel der Frauen" hemmungslosen Vergnügungen hingeben können, ließ die Römer vor Neid erblassen, denn ihre Seelen waren dazu verdammt, als körperlose Schatten, blutleer, ohne Fleisch und Gebein durch die ewig finsteren Gefilde des Totenreichs zu irren.

Angesichts der verlockenden Anderswelt überrascht es nicht, daß die Kelten keine Angst vor dem Tod hatten, denn sie betrachteten ihn als die „Mitte eines langen Lebens". (Alexander der Große soll auf die Frage, was die Kelten am meisten fürchteten, die Antwort bekommen haben: „Nichts, außer daß der Himmel einfallen könnte.") Wohl deshalb waren sie auch besonders wilde und tapfere Krieger: Auf dem Höhepunkt ihrer Macht erstreckte sich ihr Reich (das allerdings ohne zentrale Führung war) von Spanien, Frankreich, Irland, Britannien und Süddeutschland bis hin nach Griechenland und zum Schwarzen Meer; im Jahre 387 v. Chr. eroberten die Kelten sogar Rom und plünderten es. Erst im 3. Jahrhundert v. Chr. begann der langsame Niedergang.

Doch zurück zu den Druiden: Als Weissager konnten sie in die Zukunft schauen, wobei sie Naturerscheinungen deuteten, das Verhalten von Tieren und Vögeln beobachteten, oder bei Menschenopfern die Zuckungen des Sterbenden interpretierten. Außerdem waren sie Astronomen. Vor allen wichtigen Ereignissen wie Aussaat, Ernte, Hochzeit oder Krieg wurden die Druiden um Rat gefragt, welche Tage günstig oder ungünstig seien. Ein beeindruckendes Zeugnis ihrer Tätigkeit ist der berühmte Coligny-Kalender, den man 1897 in Frankreich fand. Es

Rechte Seite:

Lange bevor die Kelten nach Irland kamen, errichteten die Ureinwohner riesige Dolmen. Später benutzten die Druiden diese Monumente für ihre eigenen Kulte, weshalb sie noch heute im Volksmund „Druidenaltäre" heißen.

Poulnabrone Dolmen in den Burren, County Clare

handelt sich um eine gewaltige Bronze-Tafel aus dem 1. Jahrhundert n. Chr., auf der die „guten" und „schlechten" Tage vermerkt sind.

Ihre Fähigkeit, die Zukunft voraussagen zu können, ließ die Druiden zu den engsten Berater des Königs werden und verlieh ihnen so eine enorme Macht. Kein Herrscher wagte es, eine wichtige Entscheidung zu fällen, ohne vorher seinen Druiden zu konsultieren. Bei allen Festen saß dieser zur Rechten des Königs. In der Sage von der „Trunkenheit der Ulstermänner" heißt es sogar, daß der König nicht sprechen durfte, bevor die Druiden das Wort ergriffen hatten. Anzumerken bleibt, daß die Druiden wohlweislich jede klare Aussage vermieden und ihre Prophezeiungen stattdessen so verschwommen wie möglich formulierten: „Wenn man sich mit ihnen unterhält, reden sie wenig; sie sprechen in Rätseln und zeigen in ihrer Ausdrucksweise eine Vorliebe dafür, das meiste erraten zu lassen", berichtet Diodor von Sizilien.

Oben:

Druiden waren mächtige Zauberer, die ihre Feinde in den Wahnsinn treiben oder in Stein verwandeln konnten.

Haroldstown Dolmen, Haroldstown County Carlow

Ferner traten die Druiden als Richter auf. „Die Druiden entscheiden bei fast allen öffentlichen und privaten Streitigkeiten. Wenn ein Verbrechen begangen worden oder ein Mord geschehen ist, wenn der Streit um Erbschaften oder den Verlauf einer Grenze geht, fällen sie auch hier das Urteil und setzen Belohnungen und Strafen fest. Wenn sich ein Privatmann oder ein Volk nicht an ihre Entscheidungen hält, untersagen sie ihm die Teilnahme an den Opfern. Diese Strafe gilt bei ihnen als die schwerste, denn die, denen die Teilnahme untersagt ist, gelten als Frevler und Verbrecher, alle gehen ihnen aus dem Weg und meiden den Umgang und das Gespräch mit ihnen, damit sie nicht durch ihre Berührung Schaden erleiden", schreibt Cäsar.

Für die Druiden war die Rechtsprechung nicht ganz ungefährlich. Fällten sie nämlich ein ungerechtes Urteil, so wurden sie von den Göttern mit schweren Krankheiten oder schrecklichen Verstümmelungen bestraft, wie mehrere Sagen berichten. Diese göttliche Kontrolle sorgte jedenfalls dafür, daß die keltischen Gerichtsprozesse wesentlich schneller, kostengünstiger und wahrscheinlich auch gerechter abliefen als die heutigen!

Die faszinierendste Fähigkeit der Druiden war aber zweifellos die Zauberei. Naturgemäß finden wir in den römischen und griechischen Berichten keinerlei Beweise dafür, während die Sagen geradezu überquellen. Druiden beherrschten die Naturgewalten und vermochten es, ganz nach Belieben Regen, Schnee, Blitz, Donner und Stürme herbeizuzaubern – und sogar die Sonne zu verfinstern.

Mit ihren magischen Kräften konnten die Druiden natürlich auch jeden Widersacher verfluchen. Interessanterweise erfolgten alle Zaubereien und Verwünschungen lediglich durch die Macht des Wortes, nur ganz selten benötigte ein Druide künstliche Hilfsmittel wie Zauberstab oder „Giftspruch" (ein Fluch, der in eine Metallplatte eingeritzt wurde, welche man dem Opfer übergab). Allerdings genügte es nicht, den Wortlaut einer Beschwörungsformel zu kennen. Um einen Feind in den Wahnsinn zu treiben oder in Stein zu verwandeln, mußte der Fluch richtig ausgesprochen werden, und dazu gehörte eine musikalische Begleitung: Entweder spielte

der Druide auf einer Harfe, oder er intonierte die Formel mit einem Sprechgesang. So gesehen ist es durchaus verständlich, daß die Druiden die Schrift ablehnten, denn dieses Wissen ließ sich nicht aus Büchern lernen.

Gleichzeitig mußte der Druide während des Zauberrituals bestimmte Gesten ausführen. Wollte er beispielsweise jemanden in den Wahnsinn treiben, so warf er dem Unglücklichen ein Büschel Stroh ins Gesicht. Wegen dieser dunklen Kräfte wurden die Druiden vom Volk nicht nur geachtet, sondern auch gefürchtet!

Nachdem wir nun die verschiedenen Aufgaben der Druiden kennengelernt haben, sei erwähnt, daß es auch weibliche Druiden und Seher gab – ein Ausdruck der starken Stellung der Frau in der keltischen Gesellschaft. So weisen mehrere römische Chronisten, unter ihnen Tacitus und Strabon, auf „Druidenweiber" hin, und der Historiker Pomponius Mela berichtet von einer Insel vor der Küste Englands, auf der neun jungfräuliche Priesterinnen ein Orakel hüteten, die Zukunft prophezeiten und Krankheiten heilten (nur Jungfrauen durften dieses Amt ausüben, weil nur sie die notwendige Reinheit besaßen, um mit den Göttern in Verbindung zu treten).

Weibliche Druiden waren zwar bei weitem nicht so zahlreich wie ihre männlichen Kollegen, besaßen aber eine ähnlich große Macht. Die „Historia Augusta", eine Sammlung der Lebensläufe römischer Imperatoren, erzählt sogar, daß sich die beiden Kaiser Diokletian und Aurelian von Druidinnen die Zukunft deuten ließen. Man glaubte nämlich, daß Frauen über besondere prophetische Gaben verfügten.

Auch die Sagen erwähnen gelegentlich Druidinnen. So wurde beispielsweise Finn MacCool von einer Druidin und einer Seherin erzogen, die ihn in der Kunst der Waffenführung, im Jagen und im Fischen unterrichteten. Und der „Rinderraub von Culy" bestätigt, daß weibliche Visionen wesentlich zuverlässiger waren als männliche: Bevor Königin Maeve ihren Feldzug gegen Ulster begann, befragte sie ihre Druiden nach dem Ausgang des Krieges. Alle meinten übereinstimmend, was

auch immer passiere, Maeve werde unbeschadet zurückkehren. Zufrieden mit dieser günstigen Aussicht, wollte die Königin den Befehl zum Aufbruch geben, als plötzlich die Seherin Fedelma vor ihr stand und sie vor Cuchulinn warnte. Doch Maeve schlug die Warnung in den Wind, und so nahm das Unglück seinen Lauf.

Als geistige Elite genossen die Druiden außerordentliche Privilegien. Sie mußten weder in den Krieg ziehen noch Steuern zahlen. Doch verfiel ihre Macht auf dem Festland, als die Römer Gallien und Britannien eroberten. Die Druiden zettelten mehrere Aufstände an, woraufhin eine gnadenlose Verfolgung einsetzte, die ihren Höhepunkt mit der Zerstörung der heiligen Druiden-Hochburg auf der Insel Anglesey im Jahr 60 n. Chr. erreichte. Danach flohen viele gallische und britische Druiden nach Irland, wo sie lange Zeit unbehelligt blieben – bis der heilige Patrick auf der Insel landete.

DIE ANKUNFT DES HEILIGEN PATRICK

Patrick kam 391 n. Chr. in Britannien zur Welt, wurde aber als 16-jähriger von Seeräubern nach Irland entführt, wo er sechs Jahre lang als Sklave die Schweine und Schafe eines Druiden hüten mußte. Nachdem ihm die Flucht gelungen war, unterzog er sich in Britannien und Gallien einer Priesterausbildung. Im Jahre 432 kehrte er nach Irland zurück und christianisierte die Insel in einem wahren Triumphzug. Doch ehe wir auf die Hintergründe dieses phänomenalen Erfolges eingehen, sei zunächst die Legende über „Das dreiteilige Leben St. Patricks" erzählt:

Schon lange vor Patricks Ankunft erfüllten böse Vorahnungen die Druiden. Sie prophezeiten, daß ein Mann aus der Fremde eine „Lehre der Mühsal" bringen und die alte Ordnung zerstören werde. Als Patrick landete, empfingen ihn die Iren daher mit einem Steinhagel. Er ließ sich jedoch nicht beirren und verfluchte alles, was sich ihm in den Weg stellte. Sogar ein Wald, in dem er kein Brennholz fand, und ein Bach, in dem er keinen Fisch fing, wurden die Opfer seiner Verwünschungen.

Patrick marschierte, wie alle Eroberer vor ihm, auf die Königsburg von Tara zu. Dort fand jedes Jahr ein großes Fest statt, und in dieser Nacht durfte in ganz Irland kein einziges Feuer brennen. Erst wenn der König das heilige Feuer auf Tara entfacht hatte, war es erlaubt, alle anderen Feuer wieder zu entzünden. Jeder Verstoß gegen diese Regel bedeutete die Todesstrafe.

Doch in jener Nacht kam Patrick dem König zuvor und steckte auf dem benachbarten Hügel von Slane demonstrativ einen riesigen Holzstoß in Brand, dessen Schein bis nach Tara leuchtete. Augenblicklich fuhr der König mit seinen Druiden und Kriegern nach Slane, um den Übeltäter zu bestrafen. Die Druiden erkannten sofort, daß Patrick niemand anderer als der verheißene „Zerstörer der alten Ordnung" war und attackierten ihn mit Flüchen und Spott. Da sandte Patrick ein Stoßgebet zum Himmel, woraufhin der Anführer der Druiden zuerst hoch in die Luft flog, dann aber abstürzte und auf einem Stein zerschellte.

116

Wutentbrannt befahl der König, Patrick auf der Stelle zu töten. In diesem Augenblick fing die Erde an zu beben, und der Himmel drohte einzustürzen. Völlig verwirrt, metzelten sich die Krieger gegenseitig nieder, so daß dem König nichts anderes übrigblieb, als Patrick um Gnade zu bitten. Auch lud er ihn ein, nach Tara zu kommen, gab aber heimlich den Befehl, einen Hinterhalt zu stellen. Doch Patrick durchschaute diese List und verwandelte sich und seine Gefährten in Rehe, so daß die Krieger nur ein Wildrudel vorbeihuschen sahen und vergeblich auf den Heiligen warteten.

Als Patrick wohlbehalten auf Tara eintraf, empfingen ihn die Druiden mit einem Becher vergifteten Weines. Doch als ob die Zeit rückwärts liefe, nahm das Gift plötzlich wieder die Form eines Tropfens an, so daß Patrick das Gift seelenruhig herausfischen konnte, ehe er den Wein genüßlich schlürfte. Bebend vor Wut forderten ihn die Druiden nun zu

118

einem Wettstreit heraus, und es kam zum berühmten „Krieg der Zauberer": Um ihre Macht zu demonstrieren, zauberten die Druiden starken Schneefall herbei – Patrick stoppte ihn mit einem einfachen Kreuzzeichen. Die Druiden verfinsterten die Sonne – der Heilige ließ das Licht augenblicklich wieder erstrahlen. Ein Druide und ein Schüler Patricks gingen in ein brennendes Haus – der Druide verkohlte, während Patricks Schützling unversehrt herauskam. Staunend mußten der König und seine Hofleute schließlich Patricks Überlegenheit anerkennen. Ehrfürchtig traten sie zum Christentum über, worauf sich die neue Lehre in Windeseile über die ganze Insel verbreitete.

Diese Geschichte steht in der besten Tradition der alten Mythen und könnte ebensogut ein Kapitel aus dem „Buch der Invasionen" sein. Tatsache bleibt jedoch, daß es Patrick unglaublich schnell gelang, das Land zum Christentum zu bekehren. Der tiefere Grund liegt allerdings darin,

daß das Christentum und die alte irische Religion erstaunliche Parallelen aufwiesen. Nur einige Beispiele:

— Wie wir bereits wissen, glaubten die alten Iren an ein Weiterleben der Seele in einer paradiesischen Anderswelt. Es fiel ihnen daher leicht, die christliche Lehre vom Himmel zu verstehen. Problematisch war für sie dagegen die Vorstellung der Hölle. Warum zum christlichen Glauben übertreten und ewige Folterqualen in der Hölle riskieren, wenn die Anderswelt nur Freude und Lust versprach? Patrick löste dieses Dilemma, indem er den Iren einredete, daß es auch in der Anderswelt eine Hölle gebe und sogar Cuchulinn als ungetaufter Heide in ihr schmore. Katholischer Propaganda zufolge errettete Patrick den armen Helden aus der Verdammnis, woraufhin dieser Lobeshymnen auf das Christentum anstimmte (natürlich nur schriftlich und in Wirklichkeit von Mönchen erfunden).

Patrick konnte die christliche Lehre vom Himmel leicht verständlich machen, weil sie den Vorstellungen von der Anderswelt nahekam. Gleichzeitig drohte der Heilige mit der Verdammnis in ewiger Finsternis, versprach aber Erlösung durch den christlichen Glauben.

Burrishoole Abbey, Newport, County Mayo (oben) und Dunbrody Abbey, Campile, County Wexford (rechte Seite)

– Die alten Iren glaubten, daß die Zahl "Drei" Glück bringe. Viele Götter traten in dreifacher Gestalt auf, zum Beispiel Eriu, Banba und Fiola, die sich im „Buch der Invasionen" den Milesiern in den Weg stellten. Deshalb konnte Patrick das Prinzip der Dreifaltigkeit besonders leicht erklären und anhand eines Kleeblattes veranschaulichen (aus diesem Grund ist das Kleeblatt noch heute das irische Nationalsymbol).

– Uneheliche Kinder galten als „Sonnenkinder", weil sie durch den Strahl der Sonne gezeugt worden waren. So leuchtete auch die Geschichte vom Heiligen Geist und Marias unbefleckter Empfängnis jedem ein.

Ein weiterer Grund für Patricks Erfolg lag in seinem guten Gespür für Traditionen und seinem geschickten Umgang mit den Menschen. Im

122

Gegensatz zu den blutigen Feuer-und-Schwert-Christianisierungen in vielen anderen Ländern ging er außerordentlich behutsam vor und versuchte, die alte Religion ins Christentum zu integrieren. Ein schönes Beispiel dafür finden wir im keltischen Kreuz: Wie alle antiken Völker verehrten auch die Iren die Sonne. Der Kreis als Symbol der Sonne gehörte somit zu ihren wichtigsten Symbolen. Patrick legte nun einfach den Kreis über das christliche Kreuz. Auf diese Weise entstand das keltische Kreuz, das sowohl die Heiden als auch die Christen anbeten konnten: Die Heiden verehrten den Kreis, die Christen das Kreuz.

Schließlich trug der rasche Glaubenswechsel der Druiden wesentlich zum Siegeszug des Christentums bei, denn die atemberaubend schnelle Ausbreitung der neuen Lehre wäre ohne ihre Mitwirkung nicht möglich gewesen. Man vermutet daher, daß die ersten Mönche aus dem Kreis der Druiden stammten, weil nur sie die notwendige Bildung besaßen. Als

Patrick am 17. März 471 starb, war die Insel jedenfalls bis in den hintersten Winkel vom christlichen Glauben durchdrungen. (Der 17. März ist übrigens noch heute der irische Nationalfeiertag.)

Zwischen dem 5. und 8. Jahrhundert spielte Irland zum einzigen Mal eine weltgeschichtlich bedeutende Rolle: Während sich das Christentum auf der isolierten Insel ungestört entfalten konnte, geriet die Kirche auf dem Festland nach dem Untergang des Römischen Reiches in schwere Bedrängnis. In den Wirren der Völkerwanderung fielen viele Christen wieder in ihren heidnischen Glauben zurück, und so zogen nun irische Missionare wie St. Gallus und St. Columban aus, um den Kontinent ein zweites Mal zu christianisieren.

Nach 795 waren die ruhigen Zeiten allerdings auch in Irland vorbei. Wiederholt fielen die Wikinger ein und plünderten die Küstenorte.

Oben:

Als die Wikinger das Land plünderten, bauten die Mönche neben den Klöstern Rundtürme, um sich zu verschanzen.

Ardmore Round Tower, Ardmore, County Waterford

Rechte Seite:

Viele Iren sollen noch heute an Feen glauben – wohl auch deshalb, weil einem die bizarren Landschaften tatsächlich das Gefühl geben, eine andere Welt zu betreten.

Great Skelling, Skelling Michael, County Kerry

Um sich zu schützen, bauten die Mönche neben den Klöstern riesige Rundtürme, von denen heute noch etwa 80 erhalten sind.

Doch welches Schicksal erlitten die alten Mythen? Sie lebten im Volksglauben weiter, wenngleich in veränderter Form. Noch heute sollen die Bewohner der abgelegenen Gebiete fest an die Existenz von Feen glauben – wohl auch deshalb, weil die bizarren Landschaften und nebelumhüllten Küsten einem tatsächlich das Gefühl geben, eine andere Welt zu betreten.

IRIS GUGGENBERGER
geb. 1974 in Güssing (Österreich). Verwandlungskünstlerin und Weltenbummlerin, die zwischen ihren Reisen in ferne Länder und andere Welten in Wien verweilt.

GERALD AXELROD
geb. 1962 in Hard (Österreich). Fotograf mit einer besonderen Vorliebe für alte Mythen, Ruinen und Engel. Lebt in Wien.

DANKSAGUNG

Zunächst sei allen Feen gedankt, die uns auf den Reisen durch dieses geheimnisvolle Land begleitet haben, uns im Kampf gegen das miserable irische Wetter beistanden und uns immer wieder zur rechten Zeit ein paar Sonnenstrahlen schickten. Daneben haben aber auch einige irdische Wesen maßgeblich zur Entstehung dieses Buches beigetragen. Unser besonderer Dank gebührt

Paul Köhlmeier und Beate Lichner für ihre Unterstützung der Reisen;
Maria Becker, Doris Flicker, Ulli Nö und Maria Regaz für die vielen Kostüme und sonstigen Accessoires sowie Isabella De Toffol, Constanze Huhn und Michaela Stankovsky für ihre wertvollen Anregungen zum Text.

Ferner möchten wir uns bedanken bei Tina Aichinger, Nathalie Angelini, Gerd Bastel, Torsten Bechmann, Werner Deutsch, Kurt Dornig, Birgit Eckelhart, Michaela Galli, Margarete Geser, Alexander Groß, Marcus Händel, Hilde und Nikolaus Huhn, Julia Kühn, Ulrich Lotz, Marianne Meier, Dagmar Mikolics, Asmodea Pichler, Sabine Ruf, Manfred Sährig, Andy Siry, Conny Stieler, Jürgen R. Weber, Martin Wickler und dem Silver Studio Wien.

Wer auf den Geschmack gekommen ist und tiefer in die Geheimnisse der irischen Mythen eindringen möchte, dem seien folgende Bücher empfohlen: Miranda Jane Green gibt in „Keltische Mythen" und „Die Druiden" eine zwar kurze, aber exzellente Einführung in die Welt der Kelten. Ingeborg Clarus faßt in ihrem Werk „Keltische Mythen" die wichtigsten Legenden zusammen und interpretiert ihre tiefere Bedeutung. Wer schließlich die Sagen im Original lesen möchte, sei auf die deutsche Übersetzung von Martin Löpelmann („Erinn") und die englischen Autoren P. W. Joyce („Old Celtic Romances") und Tom P. Cross & Clark Harris Slover („Ancient Irish Tales") verwiesen.

Gerald Axelrod
... als lebten die Engel auf Erden
Fotografien über Schönheit und Tod

Vor gut einem Jahrhundert haben Bildhauer auf den Friedhöfen Italiens eine einzigartige Welt der Schönheit und Sinnlichkeit geschaffen, die heute leider in Vergessenheit geraten ist. Der vorliegende Bildband lädt den Betrachter ein zu einer Reise durch diese Totenstädte, in denen nicht Trauer und Schmerz, sondern Lust und Leidenschaft regieren.

Eine besondere Rolle spielen dabei die Engel, die voller Rätsel sind. Geheimhaltungsengel (links) müssen beispielsweise teuflische Spione entlarven, die sich immer wieder in den Himmel einschleichen und die göttlichen Geheimnisse ausspionieren wollen. Schreibeengel (oben) führen über jeden Menschen ein „Buch des Lebens", in dem sie alle guten und schlechten Taten notieren. Am Tag des Jüngsten Gerichts werden die Toten nach ihren Werken gerichtet, nach dem, was in den Büchern geschrieben steht.

Engel gelten als heilige Wesen, frei von jeder Sünde. Dabei wird übersehen, daß auch Satan (links) einst ein himmlischer Engel war, der gegen Gott rebellierte und die anderen Engel aufhetzte. Ein Drittel der Engelschar schloß sich seiner Rebellion an! Der zweite Teil des Buches beschäftigt sich daher mit den gefallenen Engeln und enthüllt einige pikante Details über Satansbräute und andere Dämonen, die sexuell höchst aktiv sind.

Das Buch zeigt aber nicht nur Statuen von Engeln, sondern auch andere Meisterwerke der italienischen Bildhauer. Inspiriert von der Romantik, entwickelten sie ein neues Ideal der Liebe: Die unsterbliche Liebe, die stärker ist als der Tod und die Liebenden im Jenseits wieder vereint.

Später kamen auch Einflüsse des Jugendstils hinzu, der nach vollkommener Schönheit strebte. Und als Inbegriff aller Schönheit galt der nackte weibliche Körper. Deshalb finden wir auf den Friedhöfen so viele erotische Skulpturen, wie man sie an diesen Orten niemals vermutet hätte.

**Gerald Axelrod:
… als lebten die Engel
auf Erden**

4. Auflage 2002
*22,8 x 28,6 cm; Hardcover;
128 Seiten mit 84 Schwarz-
Weiß-Fotografien in Duoton
ISBN 3-89102-451-7*

Fotos im Internet:
www.axelrod.at

„Ein Buch wie ein Traum"
Oberhessische Presse

EULEN VERLAG